2013 年浙江省社科联科普课题[13ND27]

健 康 体 适 能

沈建国　　施兰平　主编

浙江工商大学出版社
ZHEJIANG GONGSHANG UNIVERSITY PRESS

图书在版编目(CIP)数据

健康体适能 / 沈建国，施兰平主编. — 杭州：浙江工商大学出版社，2013.7(2019.9重印)

ISBN 978-7-81140-777-8

Ⅰ. ①健… Ⅱ. ①沈… ②施… Ⅲ. ①大学生－体育锻炼－适应能力 Ⅳ. ①G806

中国版本图书馆 CIP 数据核字(2013)第 096301 号

健康体适能

沈建国　施兰平　主编

责任编辑	王黎明
责任校对	何小玲
封面设计	王妤驰
责任印制	包建辉
出版发行	浙江工商大学出版社
	（杭州市教工路 198 号　邮政编码 310012）
	（E-mail：zjgsupress@163.com）
	（网址：http://www.zjgsupress.com）
	电话：0571 - 88904980，88831806(传真)
排　版	杭州朝曦图文设计有限公司
印　刷	杭州高腾印务有限公司
开　本	787mm×960mm　1/16
印　张	11
字　数	192 千
版印次	2013 年 7 月第 1 版　2019 年 9 月第 8 次印刷
书　号	ISBN 978-7-81140-777-8
定　价	25.00 元

编　委　会

主　　编　沈建国　施兰平

副主编　张　军　魏　强　刘云梦

参编人员　（按姓氏笔画排序）

　　　　　　王西蒙　孙　兰　严小虎　来　忠

　　　　　　吴秋娟　周晓燕　周智君　郑　维

　　　　　　翁志强　凌懿文　黄　巍　董高峰

前　言

为了促进学生身体健康发展,使当代大学生成为合格的社会主义事业的建设者和接班人,根据《中共中央国务院关于进一步加强学校体育工作的若干意见决定》和《国家中长期教育改革和发展规划纲要(2010—2020年)》,以及国家教育部颁发的《全国普通高等学校体育课程教学指导纲要的通知》精神,在总结浙江工商大学体育课程建设和教学改革经验的基础上,编写了《健康体适能》一书。

"生命在于运动",但是如何从运动角度来更好地促进健康一直是体育教学需要有所突破的问题。随着科学技术和社会经济的发展,人们的生活方式有了很大变化,而与此相对应的则是人类疾病谱的重大变化。以前威胁人类健康的重大疾病如传染病、寄生虫病等已经显著减少,而由于不良饮食习惯、不平衡膳食、精神紧张、缺乏运动等不良生活方式引起的慢性疾病成为影响人类健康的主要原因。因此,这就要求传统的"以疾病为中心"的健康服务理念和"以增强体质"为目标的体育教学有所突破和扩展。有研究表明,我们所面对的是占人群90%—95%的亚健康和健康人群,其任务是针对疾病的预防、康复保健等问题。在此背景下,新的健康服务模式——健康体适能干预便应运而生。健康体适能干预是指对个人或人群的健康危险因素进行全面监测、分析、评估以及预测和预防的全过程。

健康体适能干预立足于找出隐藏在人群中可能引起疾病的危险因素,并通过合适的运动加以预防和解决。其宗旨是调动个人及集体的积极性,有效地利用有限的资源来达到最大的健康改善效果。

本书较为系统地介绍了学校健康体适能干预的相关理论,在编写过程中,充分考虑到教师和学生在教学与学习过程中的实际需要,增加了健康体适能干预的常用手段示例和健康体适能干预手段的真人动作示范,全书力求做到理论与实践相结合,让广大读者在看完后能够理解健康体适能干预的核心思想,能有效地增长知识,扩大视野,开拓思维,提高健康体适能水平。

本教材可供普通高等学校、大专高职院校学生使用。

《健康体适能》编写委员会

2013.4.28

目　录

第一章
体适能与健康

本章旨在介绍体适能的概念和分类，体适能与健康的关系，进行健康体适能干预的益处，以及开展健康体适能干预中应该注意的事项。

第一节　体适能概述

体适能的历史可以追溯到第二次世界大战，当时的美国军事人员，为了应付特殊训练和特殊工作，对有关兵种制定了不同的身体训练和体能要求，以应付各种艰巨任务，后来为了增进国民体质，欧美各国陆续制定了体适能测验手册。1955 年美国成立了青年体适能总统委员会，1985 年提出了美国青年体适能测验的内容及标准，起初测试内容包括 600 米跑走、仰卧起坐、引体向上、立定跳远、50 米快跑、折返跑和垒球掷远 7 个项目。之后，随着时间的发展，体适能的测试内容在不断变化，而对于体适能的概念，各国学者给出了多个不尽相同的定义和解释。

1980 年，Jensen 及 Hirst 认为体适能是个人特性及运动能力表现的特征，如肌力、耐力、柔韧度、敏捷及速度等；1984 年，Lamb 以运动生理学的观点分析体适能，认为体适能是促使对目前及未来生活挑战得以成功的能力；1986 年，Greenberg 及 Pargman 认为体适能是指一个人的工作能力及有余力从事休闲活动；1996 年，美国健康与服务部认为体适能是"人们所具有的或者获得的与其完成体力活动能力有关的一组身体要素"，具有良好体适能的人通常是能够"以旺盛的精力执行每天的事务而没有过度的疲劳，以充足的活力去享受闲暇时间的各种休闲活动并能适应各种突发事件"；而 1997 年，HoMey 和 Franks 认为体适能是个体具有低患病风险和具有足够的精力参加各种体力活动的身体完好状态。在亚洲，日本学者习惯以"体力"表述体适能，认为体力是身体和精神的能力，是人类生存和活动的基础。体力不仅表现在运动能力和工作能力上，也表现在对疾病的抵抗力和对环境的适应能力上。

我国学者长期以来一直以"体质"一词来表述与体适能类似的概念,认为体质是人体形态发育、生理功能、心理功能、身体素质的状态及对环境的适应力和对疾病的抵抗力。这一概念的内涵显然不同于体适能,但是目前国内开展的国民体质检测内容却在性质上与体适能的检测项目较为类似。显然,以上各国学者对体适能的具体表述虽有所不同,但是,将体适能视为人类为适应生活需要所应具备的完成各种体力活动的能力,各国学者的观点是基本一致的。世界卫生组织(WHO)对体适能的定义为:个人在应付日常工作之余,身体不会感到过度疲倦,还有余力去享受休闲及应付突发事件的能力。根据美国运动医学会(American College of Sports Medicine,ACSM)的释义,体适能包括:技能体适能(Skill-related physical fitness)和健康体适能(Health-related physical fitness)。

第二节　健康概述

联合国世界卫生组织指出健康是指身体健康、心理健康和具有良好的社会适应能力。健康是人类在社会中生存和发展最基本的条件,也是创造社会物质文明和精神文明的基础。随着社会的快速发展,人类的健康问题越来越受到关注。从艾滋病、非典型肺炎和禽流感,到吸毒的泛滥、自杀率的上升及日益恶化的生态环境,这一切都说明威胁人类健康的因素是复杂的、多样的,促进人类健康的策略和方法并不是单纯的生物科学能解决的,而是由多学科共同协作才能完成促进人类健康的宏伟目标。

一、健康的含义

世界卫生组织指出:"健康不仅是免于疾病和虚弱,而且是保持身体上、精神上和社会适应方面的完美状态。"1989 年世界卫生组织又进一步深化了健康的概念,认为健康包括身体健康、心理健康、社会适应和道德健康,从而把人们对健康的认识提高到一个崭新的水平。

二、评价健康的标准

合理的评价健康以推动人口素质的提高,从而增强人们适应社会生产力的飞速发展,真正为从人口资源大国迈向人力资源强国起到基础关键作用。目前,评价健康标准主要采用的是世界卫生组织所颁布的 10 条标准。

精力充沛,能从容不迫地应付日常生活和工作中的各种压力而不感到过分紧张和疲劳。

处事乐观,态度积极,乐于承担责任,事无大小不挑剔。

善于休息,睡眠良好。

应变能力强,能适应外界环境的各种变化。

能够抵抗一般性感冒和传染病。

体重适当,身材匀称,站立时头、肩、臀位置协调。

眼睛明亮,反应敏捷,眼睑不发炎。

牙齿清洁,无空洞,无痛感;齿龈颜色正常。

头发有光泽,无头屑。

肌肉、皮肤富有弹性,走路轻松有力。

三、亚健康

亚健康是个新名词,但却是 21 世纪出现的新名词中最重要的概念之一,甚至可能是划时代的概念。亚健康状态是介于健康与疾病之间的一种状态,又叫"第三状态"或"亚健康状态"。它是指机体在内外环境不良刺激下引起心理、生理异常变化,但尚未达到明显病理性反应的程度。从生理学角度来讲,就是人体各器官功能稳定性失调尚未引起器质性损伤,医学检查所得各项生理、生化指标均无明显异常,医生无法作出明确诊断。在此状态下如能及时调控,可恢复健康状态否则会发生疾病。亚健康状态基本上是由于机体组织结构的退化(老化)及生理功能减退所致。因此,目前将人体衰老的表现也列入亚健康状态的一种类型。

亚健康在临床上常被诊断为疲劳综合征、内分泌失调、神经衰弱、更年期综合征等。其在心理上具体表现是:精神不振、情绪低沉、反应迟钝、失眠多梦、白天困倦、注意力不集中、记忆力减退、烦躁、焦虑、易惊等。在生理上则表现为疲劳、乏力、活动时气短、出汗、腰酸腿疼等。此外,还有可能出现心血管系统变化,如心悸、心律不齐等。

链接:"亚健康"自我检测:

1. 容易疲倦;

2. 头脑不清;

3. 手足麻木感;

4. 早晨起床有不快感;

5. 头痛;

6. 眼睛疲劳;

7. 健忘;

8. 思想涣散;

9. 手足发凉;

10. 睡眠紊乱;

11. 容易晕车;

12. 胃闷不适;

13. 咽喉有异物感;

14. 不能解释的全身肌肉无力;

15. 心悸气短;

16. 便秘;

17. 视力下降;

18. 心烦意乱;

19. 思维困难;

20. 忧郁;

21. 腰膝酸软;

22. 起立时眼前发黑;

23. 鼻塞眩晕;

24. 颈肩僵硬。

如果有 8 项以上符合您的情况。说明您已经处在亚健康状态,建议您尽快就医,并调整生活节律。

（一）亚健康的危险

亚健康不是病,却代表不健康。对于自己的身体状况,不能以简单的"有病""没病"来界定。如果身处亚健康而没有及时治疗,会使身体的免疫力不断下降,从而增大患严重疾病的可能。其中,患肿瘤、心脑血管疾病、呼吸及消化系统疾病和代谢性疾病的可能性最大。当你的身体处于亚健康状态时,这是对你的健康敲响了警钟,提醒你,在百忙之中,关心关心自己的健康,及时发现,科学调整,重新回到健康的行列。

(二)怎样走出亚健康状态

1. 不断提高自己的心理承受能力,学会放松,让自己从紧张疲劳中解脱出来。

2. 养成有规律的生活习惯,合理安排工作与休息时间,保证有足够的睡眠时间。

3. 要合理安排膳食,注意营养平衡。多吃蔬菜、水果、豆类及其制品,不暴饮暴食与偏食。

4. 进行适当的体育锻炼。

5. 不吸烟、少饮酒。

6. 可选用一些抗疲劳、抗缺氧、补充多种维生素和微量元素的保健品。

7. 必要时,可请医生或心理医生诊治,适当地对症治疗。

第三节　健康体适能与干预概述

健康体适能(Health-related physical fitness)是体适能的两大分支之一,由5个方面组成:Cardio respiratory endurance 心肺耐力适能;Muscular endurance 肌肉耐力适能;Muscular strength 肌肉力量适能;Lower back stretch flexibility 柔韧性适能;Body composition 身体成分。

心肺适能反映由心脏、血液、血管和肺组成的血液运输系统向肌肉运送氧气、能量物质同时维持机体从事体力活动的能力,由于拥有良好心肺适能的人通常也具有较好的运动耐力和有氧运动能力。因此,心肺适能有时又称为心血管耐力或者有氧适能。

身体成分是指人体体内所含脂肪占休重的百分比。

肌肉力量适能是指骨骼肌收缩时依靠肌紧张来克服和对抗阻力的能力,通常以对抗和克服最大阻力的重量、力矩或做功功率表示。

柔韧适能是对机体单个关节或者多关节活动范围的测度,通常由骨关节结构和肌肉、韧带以及关节囊的长度和伸展性等因素决定,健康体适能组成要素见图1-1。

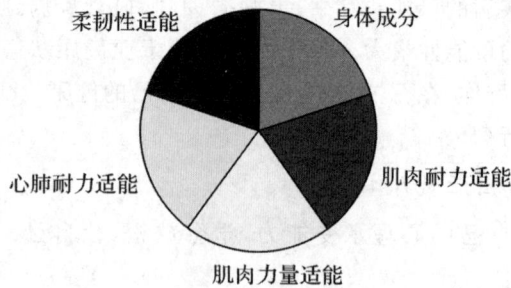

图 1-1　健康体适能组成要素

　　健康体适能是与健康有密切关系的体适能,是心血管、肺和肌肉发挥最理想效率的能力。它不仅是机体维护自身健康的基础,而且是机体保证以最大活力完成日常工作、降低慢性疾病危险因素出现的条件。

　　健康体适能干预计划起源于美国,在 20 世纪 90 年代,美国体育界提出终身性、个体化、健康体适能干预教育计划,有着深刻的社会背景。

　　首先,美国青少年身体活动水平在急剧下降,每天参加体育活动的青少年人数从 1991 年的 42% 下降到 1995 年的 25%;不能有规律地参加剧烈体育活动的青少年学生约占该群体的一半。

　　其次,体育课每周时间不到 1.7 小时,体育课常常由对体育不感兴趣(或不合格)的学科教师任教,在许多州体育必修课在不断减少。另一方面,社会变迁给整个美国人的健康带来了前所未有的威胁,工业化、信息化社会使得人们深感日常生活和工作充满了竞争,人们不断承受着强烈的心理紧张感和压抑感,现代化的工作和生活方式使得人们的运动机会越来越少,产生了今天人们所熟知的"运动不足"或"肌肉饥饿"症。而以肥胖症、心血管系统疾病和糖尿病等为代表的现代文明病变成了美国人健康的主要敌人,到 20 世纪 80 年代,有三分之一的美国人患有不同程度的肥胖症。

　　因此,国民医疗保健费用大幅增加,使国民经济背上沉重的负担。据资料介绍,1982 年美国国民医疗保健费用是 2866 亿美元,占当年国民生产总值的9.8%。1996 年达 1 万亿美元,占国民生产总值的 14.8%。面对现代文明病的威胁,美国民众健康观念在发生深刻的变化,由传统的有病求医,转向了积极预防。

　　健康体适能干预计划正是在这样的社会背景下出台的。

第四节 开展大学生健康体适能干预的意义

健康体适能干预主要是针对健康人群、亚健康人群、疾病人群的健康危险因素进行全面监测、分析、评估、预测、干预和维护的全过程。实施健康体适能干预是变被动的疾病治疗为主动的管理健康,达到节约医疗费用支出、维护健康和促进健康的目的。

目前,我国大学生的整体体质情况并不乐观,大学体育教育面临着各方面的压力,而学生健康是学校体育工作中的重要环节,也是学校教育评价体系中的重要组成部分。正确、合理地对学生进行健康体适能评价,对于促进学校体育和教育工作有着重要的意义。

此外,通过健康体适能干预的各种检测使学生对自身健康状况进行评价,可促进学生对健康概念的重新认识,建立符合现代社会发展趋势的健康的新理念,帮助学生认识到身体成分、身体形态、心肺耐力、肌肉力量与耐力、柔韧素质是影响人体健康水平的主要因素。有利于明确地帮助和督促学生实现健康目标,科学、综合地自我评价自身体质的健康状况;而且通过对自身的体质健康状况进行监控和及时反馈,同时也可激发他们自觉地参加体育锻炼,培养终身追求健康生活方式的行为和习惯。

对于大学生这个特殊的群体,躯体大多处于良好的状态,但从整体健康的角度去评价的话,大学生当中仍然存在着某些健康问题,值得引起我们的重视。作为大学生,究竟怎样才算健康呢?

一般认为,大学生健康的基本标准应是:身体发育良好,生理器官和系统完整,机能正常,心理状态积极向上,有较好的心理自控、平衡能力,学习和工作效率高,对生活充满信心和希望,对自然界和社会界的变化有较强的适应能力。此外,要正确理解健康的内涵,大学生还应该明白两个道理:

一是一个人的健康状况不是永远不变的,而是处于动态变化之中。它像世界上一切事物一样,经过一定量的积累必然发生质的变化,既可以由弱变强,也可以由强变弱。传统健康观认为非生病即健康;或非健康即生病,二者必居其一。其实,在健康与疾病之间不存在明显的界限,一个人的机体可能潜伏着病理性缺陷或功能不全,而表面上仍是"健康",只有在出现自觉症状或体征时才被认为"生病"。事实上,有些疾病一旦出现已是病入膏肓,如肝癌、肺癌等。

二是一个人的健康状况虽受遗传变异、营养条件、学习生活环境和生活规律等诸多因素影响,但其中最有效的因素,则是科学地、经常地参加身体锻炼。尤其是青年时期,经常参加体育锻炼,同时注意合理的营养和生活卫生,能为终身的健康打下基础。

一、影响大学生身体健康的因素

(一)行为和生活方式

大学生不吃早餐、吸烟、饮酒、熬夜、不当的膳食和缺少体育活动等不良生活方式仍是引发疾病的主要因素。

(二)外在环境

健康不仅立足于个人身体和精神的健康,更应强调人体与自然环境和社会环境的统一,强调健康、环境与人类发展不可分割。

1. 自然环境因素:自然环境是人类赖以生存的物质基础,人类的生活活动和生产活动使自然环境的构成或状态发生变化,扰乱和破坏了生态平衡,对人的健康产生直接、间接的影响。当前属于全球性环境问题的有:二氧化碳过量排放造成的温室效应;汞、硫、氮氧化物过量排放造成的酸雨,氟利昂造成的臭氧层空洞和放射性污染问题等,这些污染物严重地破坏地球的生态系统,直接威胁着人类的生存和发展。

2. 社会环境:社会环境又称文化—社会环境,包括社会制度、法律、经济、文化、教育、民族及职业等。社会制度确定了与健康相关的政策和资源保障,法律、法规确定了对人健康权利的维护,经济决定着与健康密切相关的衣、食、住、行,文化决定着人的健康观及与健康相关的风俗、道德、习惯,人口拥挤会给健康带来负面的影响,民族影响着人们的饮食结构和生活方式,职业决定着人们的劳动强度、方式等。

(三)生物学因素

1. 遗传:遗传是先天性因素,种族的差别、父母的健康状况和生存环境等因素都会对下一代的健康产生较大的影响。

2. 生物学特征:个人的生物学特征包括年龄、性别、形态和健康状况等,不同生物学特征的人处在同样的危险因素下,对健康的影响大不相同。例如:儿童、少年和成年人,男性、女性,体质强壮和体质虚弱的人等。

健康是人类社会的宝贵财富,是人类生存和发展的重要保障。以往人们普遍认为"健康就是没有疾病"。然而,随着科学技术与人类社会的发展和时代的变迁,现代的科学健康观念告诉我们,健康不仅是四肢健全、没有疾病和不虚弱,健康是一种在身体、精神、行为和道德意识上适应人类日常生活、工作、学习、娱乐和休闲的"身心合一"的完美状态。其中,具有良好的体适能是身体健康的最重要标志之一,是人类享受生活、提高工作效率和增强对紧急突发事件应变能力的重要物质基础。

随着经济、社会的发展和人民生活水平的提高,体力活动、体适能与健康日益受到公众和科学研究者的重视。科学研究表明,体力活动不足或久坐的生活方式已成为举世公认的影响人类身心健康的公共卫生和社会问题,它们被确认为冠心病等多种身心疾病的独立危险因子,并与个体的健康满意感和生活满意感等主观健康感受密切相关。

第五节 开展健康体适能干预的注意事项

体育运动充斥着各种不可预见的风险,特别是在学校对学生进行健康体适能干预时,因为面对的学生比较多,每个学生在体质上存在较大差异,因此在开展健康体适能干预时,要充分注意干预方案的安全性问题。

一般来说,具有正常心血管系统的学生进行健康体适能干预时不会引起心血管问题的发生。一个健康个体进行中等强度活动引起心脏骤停或心肌梗死的风险是很低的,然而,无论是否诊断为心血管疾病,较大程度的体力活动可快速而短暂地增加心脏问题发生的风险,因此,健康体适能干预的风险取决于人群中心脏病的流行状况。

链接：运动性猝死

运动性猝死是与运动有关的猝死简称，一般定义为：有或无症状的运动员和进行体育锻炼的人，在运动中或运动后24小时内的意外死亡。强调猝死发生在运动中或运动后，而且患者从发病到死亡也就在几十秒、几分钟之内，这是运动猝死最重要的特征。

人类历史上第一例有据可查的运动性猝死可追溯到公元前490年。那一年，希腊军队在雅典附近的军事重镇——马拉松与入侵的波斯军队展开了一场决定希腊命运的激战。希腊军队大获全胜后，青年士兵菲迪皮德斯奉命跑回雅典报告胜利的喜讯。但是，当他跑到雅典时，他只喊了一声"我们胜利了"，便倒地死去。为纪念菲迪皮德斯，"马拉松"长跑运动诞生。

历史上在运动中猝死的运动员为数不少，近年来就有一些曾在运动场上创造过辉煌的运动员的运动性猝死引起过轰动，例如吉姆·菲克斯（1984年，马拉松，美国）、弗乐·海曼（1988年，排球，美国）、谢尔盖·格林科夫（1995年，花样滑冰，俄罗斯）以及中国排球国手朱刚（2001年）。据推测，这些运动员均死于心源性猝死（Sudden Cardiac Death，SCD）。由此可见，SCD是运动性猝死的最主要原因，也是其最主要表现形式。

相信许多人对几年前的那场悲剧都还记忆犹新：2004年10月17日，在2004年北京国际马拉松赛暨第5届首都高校马拉松挑战赛过程中，两名业余选手北京某大学学生（男，20岁）和某长跑俱乐部联队队员（男，64岁）猝死。1年后的10月16日，在2005年北京国际马拉松赛上，又发生了相似的一幕：一名业余选手（男，26岁）猝死。如此雷同的猝死事件，再加上以往时有耳闻的运动员猝死事件，带给人们的除了震惊，还有疑问：对于运动员（无论其为专业还是业余）这样一组一向被认为是最健康的人群，是什么导致了他们的不幸猝死？

事实上，在我们身边因不科学健身或多种原因而受伤的人也不在少数，而且逐渐呈现了上升的趋势。有研究认为，这些人的受伤原因很有可能是不科学健身或长时间过度疲劳等原因造成，不能不引起我们的警惕，注意避免猝死之类恶性事故的发生。当然，避免运动中恶性事故不等于就要停止运动、健身。相反，停止或减少有益的健身活动，还可能会使心脏功能下降，增加发生问题的几率。所以，人们应该以科学知识作为指导，并注意加强医务监督，视自身情况量力而为，更合理地进行运动健身，才能达到强身健体、抵御疾病的目的。

专家认为,运动健身一定要与自身的体力相适应,尤其是长时间久坐和体力较差者要根据自身身体状况决定运动量,减少激烈程度。如果在运动中出现胸闷、气促、心慌、头痛、恶心等情况,要逐渐减慢运动,然后充分休息,不能盲目坚持,这样就可以减少或避免恶性事故的发生。

另外,在冬天寒冷的气候环境里,如果运动方式过于激烈,很容易引发心脑血管病,可选择中午到下午 2 点之间进行锻炼,这段时间人们的情绪比较稳定,比较安全。如果运动过程中发生心脑血管事件在 4—6 分钟内没有获得及时有效的救治,大脑就会发生不可逆转的损害,超过 8 分钟人就会死亡。所以如果发现有人在运动中突然意识丧失而倒地时,发现的人应立即将其平卧,拍击其面颊并呼叫,同时用手触摸其颈动脉部位以确定有无搏动,若无反应且没有动脉搏动,就应立刻进行心肺复苏救治。在抢救时首先应使患者头部后仰以畅通气道,然后进行有效的胸外按压,同时进行口对口人工呼吸,这些基本的救治措施应持续到专业急救人员到场。

国外运动医学专家认为,为避免运动中恶性事故的发生,可采取下面三级预防措施。

一级预防:在没有既往心脏疾病的人群中进行预防,因为有 25％的猝死者来源于这一群体。对运动员来讲,就是要保证有关医学方面的身体检查和随访,从而有助于更好地鉴别运动性心脏病和病理性心脏病,以及发现潜在的致命性的先天性心脏病。初级预防更多的是要加强对病人的宣传教育,如推荐中小强度运动,强调适宜的准备活动和放松运动,修改游戏规则以减少对抗,以及根据环境进行运动等。

二级预防:是在患有冠心病或其他心脏异常的人群中进行的预防,因为猝死者绝大多数有冠心病史。对运动员和普通人来说,关键是减少危险因素和及时发现前期症状,平时加强注意,积极预防,是完全有可能避免不幸发生的。

三级预防:指的是治疗急性心搏骤停以防止发展为心脏猝死。主要是提供现场医务监督和建立急救体制,使其及时逆转,挽救生命。

第二章
健康体适能干预操作指南

本章主要介绍健康体适能课程所包括的基本内容：健康调查、身体运动能力测试、身体成分、心肺适能、肌肉适能、柔韧适能具体的测试方法和参考指标。

第一节　健康状况调查

如第一章所述，进行规律的健康体适能干预活动可以获得很多益处。但是健康体适能干预活动仍然存在很多已经证实的危险因素。因此，在参与运动之前，应对参与者进行筛查。筛查的因素包括表现、体征、症状和（或）多种心血管、肺部疾病的危险因素以及代谢性疾病和其他状态（如运动系统损伤），因此要特别注意。健康调查通过检查能够提供有关个体健康史的准确信息、当前的疾病状况、危险因素、运动的习惯以及用药情况。

常用的是 PAR-Q 问卷调查，问卷是一份简短并包括 7 道以"是"或"否"的选择题来进行自我判断，其目的是审核一些典型的有病症所造成的症状。如果学生在回答 7 个问题时有一个或多个问题回答"是"，那么，这个学生就需要进行医疗检查。目前，在很多的国家中，PAR-Q 调查问卷已经被广泛地接受，图 2-1 是问卷的基本内容。

第 1 个问题：医生是否说你的心脏有问题，并说你必须依照医生吩咐才可进行运动？

第 2 个问题：你在运动时，是否会感到胸口疼痛？

第 3 个问题：过去一个月里，你是否在没有进行体力活动时想到胸口痛？

第 4 个问题：你是否因为晕眩而令身体失去平衡，或曾失去知觉？

第 5 个问题：你是否因为改变体力活动的习惯，而导致了骨骼或关节的毛病恶化？

第 6 个问题：目前，医生是否正为你的血压及心脏问题进行药物治疗？

第 7 个问题：你是否知道有任何其他理由，导致你不应该进行体力活动？

对多数人来说，一般的健康体适能干预活动应该不会构成问题或危机，而 PAR-Q 的设计，就是用于识别那些少数不适宜作健康体适能干预活动或是需经医生建议最适合的活动的成人。

体能活动适应能力问卷与你　　　　　　　　（适用于 15~69 岁人士的问卷）

经常进行体能活动不但有益身心，而且乐趣无穷。因此，每天开始多做运动的人愈来愈多。对多数人来说，多做运动是很安全的。不过，有些人在增加运动量前，应先征询医生的意见。

如果你计划增加运动量，请先回答下列7条问题。如果你介乎 15~69 岁之间，这份体能活动适应能力问卷会告诉你是否应在开始前咨询医生的意见。如果你超过 69 岁及没有经常运动，请征询医生的意见。

普通常识是回答这些问题的最佳指引。请仔细阅读下列问题，然后诚实回答：

请答"是"或"否"　　　　　　　　　　　　　　　　　　　　　　　　　　是　　否
1. 医生曾否说过你的心脏有问题，以及只可进行医生建议的体能活动？　□　□
2. 你进行体能活动时是否感到胸口痛？　□　□
3. 过去一个月内，你曾否在没有进行体能活动时也感到胸口痛？　□　□
4. 你曾否因感到晕眩而失去平衡，或失去知觉？　□　□
5. 你的骨骼或关节是否有毛病，且会因改变体能活动而恶化？　□　□
6. 现阶段医生是否有开血压或心脏药物（例如 water pills）给你服用？　□　□
7. 是否有其他理由令你不应进行体能活动？　□　□

如果你的答案是：

一条或以上答"是"
在开始增加运动量或进行体能评估前，先致电或亲身与医生商谈，告诉医生这份问卷，以及你答"是"的问题。
- 只要在开始时慢慢进行，然后逐渐增加，你可以进行任何活动；又或者你须受限制，只可进行那些对你安全的活动。告诉医生你希望参加的活动及听从他的意见。
- 找出那些对你安全且有帮助的社区活动。

全部答"否"
如果你对体能活动适应能力问卷的全部问题诚实地答"否"，你可合理地相信你可以：
- 开始增加运动量 —— 开始时慢慢进行，然后逐渐增加，这是最安全和最容易的方法。
- 参加体能评估 —— 这是一种确定基本体能的好方法，以便你制定最佳的运动计划。

延迟增加运动量：
- 如果你因伤风或发烧等暂时性疾病而感到不适 —— 请在康复后再增加运动量；或
- 如果你怀孕或可能怀孕 —— 请先征询医生的意见，然后增加运动量。
　注：如因身体健康情况转变而在上述其中一项或以上的答案属"是"，便应请教医生的意见或更改你的体能活动。

适当使用体能活动适应能力问卷：
The Canadian Society for Exercise Physiology, Health Canadian 及其代理人毋须为进行体能活动的人承担责任。如填妥问卷后有疑问，请先征询医生的意见，然后进行体能活动。
欢迎复制体能活动适应能力问卷，但须整份使用。
注：如果体能活动适应能力问卷是在一个人参加体能活动或进行体能评估前交给他，本部分可作法律或行政用途。

| 我已阅悉，明白并填妥本问卷。我的问题亦已得到圆满解答。 | 姓名 | | 身份证/护照号码 | |
| | 签名 | | 日期 | |

图 2-1　PAR-Q & You 问卷

表 2-1   AHA/ACSM 健康体适能筛查问卷

通过如实陈述下列问题来评价你的健康状态

病史

你曾经有过

——一次心脏病发作

——心脏手术

——心脏导管插入术

——冠状动脉成形术（PTCA）

——起搏器/可植入心脏的心脏除颤/心律失常

——心脏瓣膜疾病

——心力衰竭

——心脏移植

——先天性心脏病

症状

——你做体力活动时有过胸部不适

——你有过原因不明的呼吸停止

——你有过头晕眼花、晕倒或眩晕

——你服用治疗心脏病的药物

其他健康问题

——你有糖尿病

——你有哮喘和其他肺部疾病

——当短距离行走时，你的小腿有发热和抽筋感

——你有限制你体力活动的肌肉骨骼问题

——你关心运动的安全性

——你正在服用处方药

——你怀孕了

如果你在这一部分中标记出了任何一个陈述，那么在运动前向你的医生或其他健康管理者咨询。

你可能需要在某个经过认证的医务人员的监护下健身。

心血管危险因素

——你是 45 岁以上男性

——你是 55 岁以上的女性，做过子宫切除手术或已经绝经

——你吸烟或是 6 个月内戒烟者

如果你在这一部分中标记出了两个或更多的陈述，那么你应该在运动前向医生或其他健康管理者咨询。

你可能从经过认证的运动专业人员指导你做健身运动中获益

续　表

――你是血压超过 140/90 毫米汞柱

――你不知道你的血压情况

――你服用降压药物

――你的血清胆固醇水平高于 200 毫克/分升

――你不知道你的血胆固醇水平

――你有一个近亲,他在 55 岁(父亲或兄弟)或 65 岁(妈妈或姐妹)前发作过一次心脏病或做过心脏手术

――你不常运动(即体力活动水平少于每周至少三次、每次 30 分钟)

――你超重 9 千克以上

你应该能够安全地进行自我指导的运动,而不用向医生或其他健康管理者咨询,也可以在几乎所有能满足你的运动计划需要的场所运动

――上面所述的一个也没有

　　* 经过认证的运动专业人士是指经过正确训练的人,他们接受过理论教育,有实践经验、临床知识、技能和能力。

　　注意事项:对检查结果给予一定的评价并分级。

一、健康干预危险定级

　　基于医学检查、体力活动/运动、运动测试和内科医生指导所提供的适当建议,将运动者分为三个危险类别:低危、中危、高危。将个体划分为这些危险类别的过程称为危险分层,危险分层的依据是:

- 是否存在已知的心血管、肺脏和(或)代谢疾病;
- 是否存在心血管、肺脏和(或)代谢疾病的症状或体征;
- 是否存在心血管疾病的危险因素。

　　低危:低危组的个体是指没有心血管、肺脏和(或)代谢疾病的症状/体征或已经诊断的疾病,以及不多于 1 个心血管疾病的危险因素(如≤1)。急性心血管事件在此人群中的危险性很低,体力活动/运动项目可在没有必要的医学检查和许可的情况下安全地进行。

　　中危:中危组的个体是指没有心血管、肺脏和(或)代谢疾病的症状/体征或已经诊断的疾病,但具有 2 个或以上(如≥2)心血管疾病的危险因素。急性心血管事件在此人群中的危险性是增加的。尽管如此,多数中危人群可在没有必要医学检查和许可的情况下安全地参与低至中等强度的体力活动。但在参与较大强度运动之前(如>60%最大摄氧量),有必要进行医学检查和运动测试。

高危:高危组的个体是指有 1 个或多个心血管、肺脏和(或)代谢疾病的症状/体征或已经诊断的疾病。急性心血管事件在此人群中的危险性已增加到较高程度,在参加任何强度的体力活动或运动前均应进行全面的医学检查并且获得许可。

二、健康干预前测试建议

没有一套运动测试和运动指导方案能够涵盖所有状况,计划步骤随着局部环境和策略改变也应进行适当调整。一旦将个体分为低、中或高危某个危险类别后,应考虑以下相关建议:

在参加体力活动/运动项目或完全改变现有的体力活动/运动项目的模式前,有必要进行医学检查和声明;

在参加体力活动/运动项目或完全改变现有的体力活动/运动项目的模式前,有必要进行运动测试;

有必要在参与最大量或次极量运动测试时进行医务监督。

为了给参与中到较高强度运动项目前的医学检查和运动测试提供指导,如图 2-2 所示,美国健康体适能协会(ACSM)提出了用以评价医学检查和诊断性运动测试是否适当,以及何时需要进行医务监督的建议。尽管低危组人群不必做运动测试,但是从测试中收集到的信息有利于为此类人群建立一个安全、有效的运动处方。如果以制定一个有效的运动计划为目的,建议低危人群进行运动测试。从图中的运动测试建议中可以看出运动强度(如大>中>低运动强度)和存在的危险因素对导致心血管事件危险性增加有直接作用。虽然图中提出了界定中等和较高强度体力活动的绝对标准和相对标准,健康体适能专业人员在决定运动训练前的筛查级别和运动测试期间的医务监督级别时,也应该选择适宜的强度确定方法(即绝对的或者相对的)。

运动测试的医务监督,在所有运动测试地点,在场的测试人员应至少具有基本生命支持能力[心肺复苏(Cardio Pulmonary Resuscitation,CPR)]的训练,并接受过如何进行人工呼吸的训练。

```
                        ┌─────────────┐
                        │  危险分层    │
                        └─────────────┘
         ┌─────────────────┬─────────────────┐
         ▼                 ▼                 ▼
┌──────────────┐  ┌──────────────┐  ┌──────────────┐
│    低危       │  │    中危       │  │    高危       │
│   无症状      │  │   无症状      │  │ 有症状或已知心、│
│  ≤1危险因素   │  │  ≥2危险因素   │  │ 肺和(或)代谢疾病│
└──────────────┘  └──────────────┘  └──────────────┘
         ▼                 ▼                 ▼
┌──────────────┐  ┌──────────────┐  ┌──────────────┐
│ 运动前的医学   │  │ 运动前的医学   │  │ 运动前的医学   │
│ 检查和GXT?    │  │ 检查和GXT?    │  │ 检查和GXT?    │
│ 中等强度-不必要│  │ 中等强度-不必要│  │ 中等强度-建议 │
│ 较大强度-不必要│  │ 较大强度-建议 │  │ 较大强度-建议 │
└──────────────┘  └──────────────┘  └──────────────┘
         ▼                 ▼                 ▼
┌──────────────┐  ┌──────────────┐  ┌──────────────┐
│ 运动测试时的   │  │ 运动测试时的   │  │ 运动测试时的   │
│ 医学支持?     │  │ 医学支持?     │  │ 医学支持?     │
│ 次极量-不必要 │  │ 次极量-不必要 │  │ 次极量-建议   │
│ 极量-不必要   │  │ 极量-建议     │  │ 极量-建议     │
└──────────────┘  └──────────────┘  └──────────────┘
```

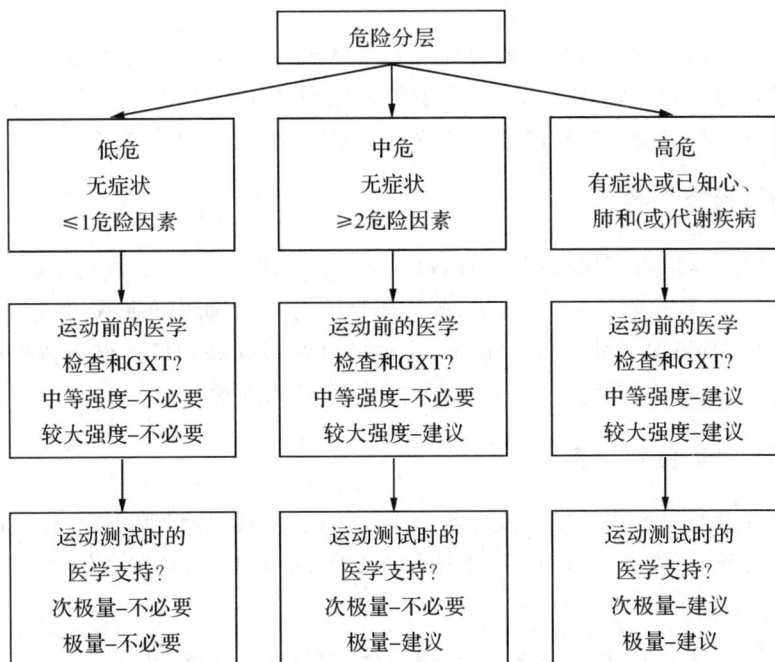

中等强度:中等强度运动为 40%—$60\%\mathrm{VO_{2max}}$;3—$6\mathrm{MET}$;对于一个人的适宜强度是指能以较轻松的状态承受持续 45 分钟的运动。

图 2-2　健康体适能危险分层

第二节　身体健康筛查

身体是一个动态系统,每天都在不停地发生着细微的变化,之前一次健康体检的结果并不具有长期的意义,人体的健康会随着时间、年龄、生活习惯及工作压力而改变,坚持定期身体健康筛查,目的就在于及时发现致病因素,及时改善,保持健康不得病。

生活中经常听到许多人这样说:"我的身体没毛病,自我感觉良好。"他们过于相信自己的主观感觉。其实,主观感觉并非绝对可靠,有时也会欺骗人。这是因为有许多疾病,在初期乃至中期,自觉症状轻微,甚至没有什么症状。因此,病人自己难以察觉。如高血压并动脉硬化,病后几年乃至十几年也不出现明显的自觉症状。再如隐性冠心病,病人自己根本毫无异常感觉,只能在全面、系统地进行循环系统检查后才能确诊。

运动测试和相应的身体检查是保证能够进行一个安全有效运动项目的关键。对在前一章身体健康调查中发现的中危和高危人群,应该进行更加仔细的医学检查。目前要由内科医生或其他具备相应资格的人进行检查。

一、检查内容

主要由以下内容构成:基本资料(姓名、年龄、性别、生日、家庭住址、电话);疾病史(含家族疾病史)及过敏史、服用药物情况;了解肌肉和韧带及关节损伤情况;生活习惯和饮食习惯;心理压力;合适的训练时间和相应的健康体适能干预目标,其中疾病史、损伤、生活习惯和饮食习惯是调查重点。

二、身体健康筛查

通过专业的测试工具对参与者身体各部位进行的测量筛查,身体健康筛查的内容为身高、体重、静态心率、血压与心电图、身体围度、身体成分。

第三节　身体运动能力测试

在进行身体运动能力测试时必须要知道对某些个体来说,身体运动能力测试带来的风险超过其所带来的益处。对这些被干预个体来说,在决定是否应该进行运动测试时,认真地评价运动测试的风险与益处是非常重要的。通过身体运动能力测试前的评价和认真回顾病史,有助于识别潜在运动危险及提高测试的安全性。

一、身体成分

(一)身体成分概述

身体成分指的是身体脂肪组织和非脂肪组织的含量在体重中所占的百分比。通常状况下,人的身体主要是由水、蛋白质、脂肪、无机物四种成分构成,普通成年人的正常比例是:水占 55%,蛋白质占 20%,体脂肪占 20%,无机物占 5%,这是实现人体成分均衡和维持身体健康状况的一个最基本的条件。

中国人身高标准体重:

165 厘米以下者标准体重(千克)=身高(厘米)-100

166—175 厘米者标准体重（千克）＝身高（厘米）－105

176 厘米以上者标准体重（千克）＝身高（厘米）－110

女性体重比男性相应组别减去 2.5 千克。

超过标准体重的 15％为Ⅰ度肥胖（轻度肥胖）；

超过标准体重的 30％为Ⅱ度肥胖（中度肥胖）；

超过标准体重的 50％为Ⅲ度肥胖（重度肥胖）；

（二）身体成分测试

身体成分的测量和评价一直被医生、教练员和体质专家作为评价健康、运动能力和体质的主要依据，特别是对于成年人和老年人群。大量流行病学调查证实，肥胖是引发心血管疾病、高血压、高血脂、糖尿病和骨关节病等疾病的危险因子，也是导致运动伤害和运动能力低下的主要因素。肥胖是慢性心脏病长期的、独立的危险因子。所以，身体成分保持理想水平或维持体重在正常范围将是保持体质水平和避免疾病发生的基础。身体成分检测是人体体质调查研究的重要内容之一，常用的测量法为身高体重指数（BMI）、皮褶厚度测量法和腰臀比。

1. BMI 指数（身体质量指数，简称体质指数又称体重指数，英文为 Body Mass Index，简称 BMI)，是用体重千克数除以身高米数平方得出的数字，计算的公式是体重（千克）除以身高（米）的平方，[BMI ＝ 体重（kg）/ 身高(m)^2]。这是目前国际上常用的衡量人体胖瘦程度以及是否健康的一个标准。主要用于统计，当我们需要比较及分析一个人的体重对于不同高度的人所带来的健康影响时，BMI 值是一个中立而可靠的指标，美国运动医学会与卫生署皆用其来代表身体成分，该办法简单易行，应用广泛，具体的标准与相关危险度，见表 2-2、2-3、2-4。

表 2-2　世界卫生组织 BMI 标准及相关疾病的危险

分类	BMI(kg/m^2)	危险度
低体重	<18.5	低（但其他疾病危险）增加
正常体重	18.5—24.9	平均水平
超重	≥25.0	
肥胖前期	25—29.9	增加
Ⅰ度肥胖	30—34.9	中度增加
Ⅱ度肥胖	35—39.9	严重增加
Ⅲ度肥胖	≥40	极为严重增加

表 2-3　亚洲成人 BMI 标准及相关疾病的危险

分类	BMI(kg/m²)	危险度
低体重	＜18.5	低(但其他疾病危险)增加
正常体重	18.5—22.9	平均水平
超重	≥23.0	
肥胖前期	23—24.9	增加
Ⅰ度肥胖	25—24.9	中度增加
Ⅱ度肥胖	≥30	严重增加

表 2-4　BMI 与体脂量及各种疾病的研究

分类	相关性(＋—)
体脂肪量	＋
肩胛骨部皮脂厚度	＋
脂肪肝	＋
冠心病	＋
高血脂症	＋
高血压	＋
糖尿病	＋
疾病	＋

2. 皮褶厚度测量法(Skin Fold Assessment,SFA):皮褶厚度是推断全身脂肪含量、判断皮下脂肪发育情况的一项重要指标。随着人年龄的变化,体脂也出现规律性的变化。不同的人群,由于其遗传素质、生活环境、饮食习惯等不同,体脂分布及其占体重百分比均可能呈现各自的特点。测量皮褶厚度的常用部位有上臂肱三头肌部(代表四肢)和肩胛下角部(代表躯体),这些部位组织均衡、松弛,皮下脂肪和肌肉能充分分开,测点明确,测量方便,测值重复率高。另外还可以测量肱二头肌部、髂上、腹壁侧等皮褶厚度和体脂含量间相关关系,可通过皮褶厚度的测量值估计人体体脂含量的百分比,从而判定肥胖程度。该方法是通过直接测量人体皮下脂肪的厚度来推测体脂百分比,此方法简单、无损伤、经济,仪器便于携带,能进行大样本的测量。人体脂肪分布有一定的规律,通常 2/3 存在于皮下,1/3 存在于身体内部、脏器周围,皮下脂肪厚度与体脂总量有一定的比例关系。因此,皮褶厚度的测量不仅可以反映体脂分布情况,也可以从不同部位的皮褶厚度推算出体脂总量。但反映全身体脂含量的程度受年龄、性别、总脂肪量及测量部位和技术的影响。一般情况下,同年龄女性皮下脂肪要多于男性;

同性别年轻人皮下脂肪要多于老年人的测量方法，见图 2-3。

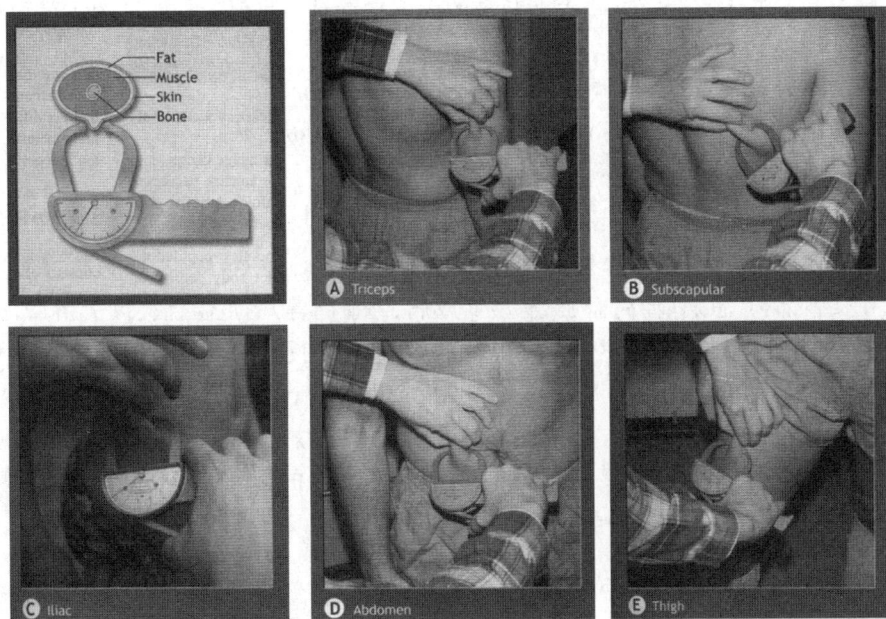

图 2-3 皮褶厚度测定法（依 William D. McAdle 2001 Figure 28.11）

3. 腰臀比（Waist-Hip Ratio,WHR）：一般来讲，脂肪堆积在腰腹部比堆积在大腿和臀部对身体的危害要大得多。腰腹部肥胖很容易导致糖尿病、高血压、冠心病、中风和高脂血症等疾病的发生，这就是人们常说的"腰带长，寿命短"的原因所在，因此说腰围臀围比是健康风向标。全身肉滚滚的人相对健康一些，四肢纤细但拥有啤酒肚者最危险。从对血管、血脂和动脉闭塞的影响程度来看，累积在腰部的脂肪，比大腿和臀部脂肪对健康的影响更大。腰部脂肪会破坏胰岛素系统，而且腰部脂肪的新陈代谢相当快，还会产生不同的激素，导致糖尿病、高血压、高血脂等病症。另外，腰部脂肪还会导致肝肥大，使它无法发挥正常功能。

腰臀比（WHR）是腰围和臀围的比值，WHR＝腰围／臀围；当男性 WHR 大于 0.9，女性 WHR 大于 0.8，可诊断为中心性肥胖。但其分界值随年龄、性别不同而异。健康的未育女性一般在 0.67—0.80 之间，男性一般在 0.85—0.95 之间。腰臀比不但反映了冠心病、高血压和糖尿病等疾病的发生危险，而且还是反映女性魅力的关键指标。理想的腰臀比例最小值应该是多少，目前还没有定论。但是，理想的腰臀比例最大值是多少，已经得到了众多专家的确认。如果是女性,理想的腰臀比例在 0.67—0.80 之间。梦露、黛安娜、奥黛丽·赫本、黛米·摩尔和辛迪·克劳馥这些大名鼎鼎的大人物就是一直保持着 0.7 的完美腰臀比例。如果是男性,这一比例在 0.85—0.95 之间。

测定方法:

腰围:把卷尺放置于肚脐水平处,并在你呼气结束时测量;

臀围:把卷尺放置在臀部的最大周长处;

腰臀比对健康的影响:

近期的研究发现,身体脂肪的分布与健康有密切的关系。如果脂肪过多堆积在腰腹部,其患病(如高血压、Ⅱ型糖尿病、高血脂等)的危险性会大大增加,即所谓"向心性肥胖"比"梨形体型"的人更容易患各种慢性疾病。美国健康体适能协会 ACSM 推荐标准:若 WHR≥0.94(成年男性)和 WHR≥0.82(成年女性),患病的危险性将大大增加。换句话说,当腰围接近臀围时,将是典型的向心性肥胖。对于 60—69 岁的老年人群来说,判断患病危险的标准为:WHR≥1.03(男性)和 WHR≥0.90(女性)。

二、心肺适能

心肺适能是健康体适能最重要的组成成分之一,它反映由心脏、血液、血管和肺组成的呼吸和血液循环系统向肌肉运送氧气和能量物质,维持机体从事运动的能力。由于拥有良好心肺适能的人通常也具有较好的运动耐力或有氧运动能力。因此,心肺适能有时又被称为心血管耐力(cardiovascular endurance)或者有氧适能(aerobic fitness)。

(一)影响心肺适能的因素有以下几种

1. 生理学因素:心肺适能是人体呼吸、血液和循环系统功能的综合表现,受以上各个组成系统功能能力的直接影响。

(1)心脏功能:心脏功能是影响心肺适能的最主要生理学因素。通常情况下,心脏功能的强弱主要反映在心输出量(Cardiac Output,CO)的大小,CO 是每搏输出量(Stroke Volume,SV)和每分钟心率(Heart Rate,HR)的乘积。健康成年男性在安静状态下的 CO 约为 5 升/分钟,女性比同体重男性约低 10%;缺乏训练的健康人在剧烈运动时 CO 的峰值一般为 15—20 升/分钟,而有良好训练的耐力性项目运动员在剧烈运动时 CO 的峰值则可高达 20—35 升/分钟。

(2)血管功能:血管是由一系列复杂分支的管道组成,人体除角膜、毛发、指甲、牙质及上皮等处外,血管遍及全身。研究表明,血管功能改变对心肺适能的影响主要是通过以下几种机制实现的:其一是运动时外周血管阻力下降,减少了心室射血的后负荷,使得心室射血变得更加顺畅,CO 增加;其二是运动时骨骼肌小动脉血管反射性舒张,内脏和皮肤小动脉血管反射性收缩,从而使血流分布模式发生改变,使得运动肌获得更多的血液,更好地满足其活动的需要;其三是受长期体育锻炼和运动训练的影响,外周肌组织中毛细血管分布的密度增加,这一变化有助于改善肌肉组织的微循环状态,从而增强肌肉耐力等。

(3)呼吸与血液:人体运动等各种生命活动所需要的氧气和营养物质以及新陈代谢产生的二氧化碳气体等代谢产物,都离不开肺与组织的呼吸以及血液的运输作用。

2. 遗传:遗传因素是影响心肺适能的重要因素。以最大摄氧量为例,有人通过对单卵双生和双卵双生受试者 VO_{2max} 的研究发现,单卵双生受试者间的 VO_{2max} 差异较小,而双卵双生受试者间的差异较大,证明遗传因素对 VO_{2max} 有较大的决定作用。此外,还有人研究发现,在影响 VO_{2max} 的各种因素中,遗传因素的影响度也是最大的,为 25%—50%。在长期耐力训练的影响下,机体的 VO_{2max} 也产生相应变化,但个体差异较大(0%—50%),目前认为造成这一现象的原因也与遗传因素有关。

3. 年龄和性别:如图 2-4 所示,发育过程中,VO_{2max} 的绝对值(L/min)随年龄增长而增加,男子约在 16 岁时达到顶峰,女子约在 14 岁时达到顶峰。30 岁以后,活动少的人 VO_{2max} 每 10 年降低 8%—10%,而活动多的人,每 10 年只下降 4%—5%。长期坚持耐力运动者,每 10 年甚至只降低 1%—2%。女子 VO_{2max} 较男子小,与女子心泵功能不如男子、血红蛋白含量低于男子以及体脂含量多于男子等因素有关。

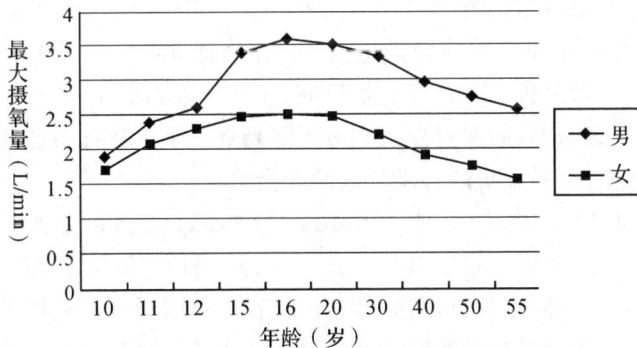

图 2-4 VO_{2max} 与年龄、性别的关系

VO$_{2max}$的性别差异还取决于VO$_{2max}$的表示方法,如表2-5,当以绝对值表示VO$_{2max}$,其性别差异为43%,以体重相对值表示时差异为20%,而当以瘦体重相对值表示时,差异只有9%。

表 2-5　VO$_{2max}$的表示方法与性别差异

	女性	男性	差异%
L·min^{-1}	2.0	3.5	-43
ml·kg^{-1}·min^{-1}	40	50	-20
ml·kg^{-1}LBM^{-1}·min^{-1}	53.3	58.8	-9
体重,kg	50	70	-29
体脂,%	25	15	+10
瘦体重,kg	37.5	59.5	-37

4. 训练:心肺适能明显受运动训练的影响。无训练者或心肺适能低下者在刚开始训练时,VO$_{2max}$的增进明显,其后增进逐渐趋向缓慢。研究认为,造成运动训练早期VO$_{2max}$增加的主要原因是心肺功能的改善,而当VO$_{2max}$增加到一定水平后,CO增加已达极限,VO$_{2max}$小幅度的改变主要是依靠肌肉对氧利用的改善而实现的。

5. 体脂:VO$_{2max}$相对值是以千克体重为单位计算的,因此体重增加,心肺适能就会下降。30岁以后心肺适能随年龄增长而降低,有一半是由体脂的增加造成的,所以,保持或改善心肺适能水平的最简易方法就是减少多余的脂肪。

（二）心肺适能评价常用指标

评价心肺适能的常用指标有以下几种。

1. 最大氧脉搏:心脏每次搏动输出的血量所摄取的氧量,称为氧脉搏,可用每分摄氧量除以每分钟心率计算。据研究,氧脉搏在心率为130—140次/分时,最高值为11—17毫升,心率过快时则有下降趋势。最大氧脉搏比较可靠地反映了心脏的泵血功能,是评价心肺功能的综合指标。

2. 最大通气量(Maximal Respiratory Volume,E$_{max}$):每分钟所能吸入或呼出的最大气量为最大通气量。我国男性最大通气量可达100—120升/分钟,女性为70—80升/分钟,运动员可达180升/分钟。最大通气量是指单位时间内肺的全部通气能力得到充分发挥时的通气量。最大通气量是检查肺通气功能的一个重要指标。

3. 心率:测试心率最简易的方法是计算脉搏。心率是评价循环系统机能状态的简单易行且很有价值的指标。

4. 血压:血压是血液流经血管时对血管壁的侧压力,包括收缩压和舒张压。收缩压:主要反映心脏每搏输出量的大小。我国健康成人为90—130毫米汞柱。舒张压:主要反映外周阻力的大小。我国健康成人为60—90毫米汞柱。脉压:主要反映大动脉管壁的弹性。我国健康成人为30—40毫米汞柱。

5. 肺活量(Vital Capacity,VC):最大吸气后,尽力所能呼出的最大气量为肺活量。肺活量主要提示呼吸机能的潜力,可以评价人的呼吸系统机能。评价标准见表2-6、2-7。

表 2-6　中国汉族学生(男)肺活量百分数位评价表　(单位:毫升)

性别	年龄（岁）	评价等级				
		下等 （10%−10） 以下	中下等 10%− （25%−10）	中等 25%−75%	中上等 （75%+10） −90%	上等 （90%+10） 以上
男生	7	990 以下	1000—1150	1160—1500	1510—1700	1710 以上
	8	1110 以下	1120—1290	1300—1700	1710—1880	1890 以上
	9	1270 以下	1280—1450	1460—1880	1890—2090	2100 以上
	10	1401 以下	1420—1590	1600—2060	2070—2280	2290 以上
	11	1550 以下	1560—1750	1760—2240	2250—2480	2490 以上
	12	1690 以下	1700—1910	1920—2240	2450—2710	2750 以上
	13	1950 以下	1960—2190	2200—2900	2910—3300	3310 以上
	14	2190 以下	2200—2510	2520—3340	3350—2760	3770 以上
	15	2530 以下	2540—2590	2900—3760	2770—4460	4170 以上
	16	2950 以下	2960—3290	3300—4100	4110—4480	4490 以上
	17	3190 以下	3200—3490	3500—4600	4310—4700	4710 以上
	18	3290 以下	3300—3610	3620—4400	4410—4800	4810 以上
	19—22	3490 以下	3500—3790	3800—4600	4610—5000	5010 以上

引自:体育学院通用教材《体育测量评价》

表 2-7　中国汉族学生(女)肺活量百分数位评价表　　(单位:毫升)

性别	年龄(岁)	评价等级				
		下等(10%−10)以下	中下等10%−(25%−10)	中等25%−75%	中上等(75%+10)−90%	上等(90%+10)以上
女生	7	890 以下	9902—1030	1040—1380	1390—1540	1550 以上
	8	990 以下	1000—1150	1160—1520	1530—1700	1710 以上
	9	1130 以下	1140—1290	1300—1700	1710—1900	1910 以上
	10	1270 以下	1280—1450	1460—1900	1910—2100	2110 以上
	11	1410 以下	1420—1610	1620—2120	2130—2380	2390 以上
	12	1550 以下	1560—1790	1800—2340	2350—2600	2610 以上
	13	1830 以下	1840—2090	2100—2620	2630—2900	2910 以上
	14	1990 以下	2000—2230	2240—2800	2810—3060	3070 以上
	15	2090 以下	2100—2330	2340—2900	2910—3200	3210 以上
	16	2190 以下	2200—2430	2440—3000	3010—3300	3310 以上
	17	2270 以下	2280—2490	2500—3100	3110—3360	3370 以上
	18	2290 以下	2280—2530	2540—3100	3110—3400	3410 以上
	19—22	2410 以下	2420—2650	2660—3200	3210—3500	3510 以上

引自:体育学院通用教材《体育测量评价》

6. 最大摄氧量(VO$_{2max}$):人体在进行有大量肌肉参加的长时间激烈运动中,心肺功能和肌肉利用氧的能力达到本人极限水平时,单位时间所能摄取的氧量称为最大摄氧量,通常以每分钟为计算单位,最大摄氧量是反映人体在极量负荷时心肺功能水平高低的主要指标。

(1)VO$_{2max}$的直接测定法。VO$_{2max}$可以通过心输出量和动静脉氧差的分析以及呼吸气体的分析分别进行直接测定,前者叫心血管测定法(Cardio Vascular Measurements)。后者叫呼吸测定法(Respiratory Measurements)。心血管测定法是在获取最大心输出量和动静脉氧差的基础上测量 VO$_{2max}$的,因此具有一定损伤性;而呼吸测定法则是通过对呼出气体分析基础上测量 VO$_{2max}$的,因而是一种非损伤性的直接检测法,目前,健康体适能 VO$_{2max}$的检测多采用后者。

(2)VO$_{2max}$的间接推测法。VO$_{2max}$的间接推测方法很多,其常用的间接推测法主要有:利用受试者在完成规定模式的 GXT 时的持续时间长短来推测

VO_{2max} 的 Bruce 法；根据受试者在 15 分钟内跑和走的最大距离的 Balke15 分钟跑法；应用 12 分钟跑测试结果进行心肺适能评价的 Cooper12 分钟跑法；常用的最大摄氧量与心肺功能等级评估见表 2-8、2-9。

表 2-8　依据最大摄氧量来划分心肺功能的等级(男性)

（单位：$ml \cdot kg^{-1} \cdot min^{-1}$）

性别	年龄(岁)	等　　级				
		非常不好	不好	普通	很好	非常好
男性	＜29	＜24.9	25—33.9	34—43.9	44—49.9	＞53
	30—39	＜22.9	23—30.9	31—41.9	42—49.9	＞50
	40—49	＜19.9	20—26.9	27—38.9	39—44.9	＞45
	50—59	＜17.9	18—24.9	25—37.9	38—42.9	＞43
	60—69	＜15.9	16—22.9	23—35.9	36—40.9	＞41
	≥70	≤12.9	13—20.9	21—32.9	33—37.9	≤38

引自吴东明、王健主编的《体能训练》

表 2-9　依据最大摄氧量来划分心肺功能的等级(女性)

（单位：$ml \cdot kg^{-1} \cdot min^{-1}$）

性别	年龄(岁)	等　　级				
		非常不好	不好	普通	很好	非常好
女性	＜29	＜23.9	24—30.9	31—38.9	39—48.9	＞49
	30—39	＜19.9	20—27.9	28—36.9	37—44.9	＞45
	40—49	＜16.9	17—24.9	25—34.9	35—41.9	＞42
	50—59	＜14.9	15—21.9	22—33.9	34—39.9	＞40
	60—69	＜12.9	13—20.9	21—32.9	33—36.9	＞37
	≥70	≤11.9	12—19.9	20—30.9	31—34.9	≤35

引自吴东明、王健主编的《体能训练》

7. 12 分钟跑测试：美国学者库伯提出的 12 分钟跑，是目前在国际上颇为盛行的一种心肺耐力测验，让受试者跑 12 分钟，要求尽量跑更长的距离，记录 12 分钟跑的距离，12 分钟跑的距离越长，心肺耐力相对好，评价标准见表 2-10、2-11，也可通过推测最大摄氧量，评价心肺耐力，见表 2-12，但这个评价标准也有一定的局限性，因为测试的对象并不是中国学生，所以我们在参考这个评价标准时作出一些调整。

表 2-10　男子 12 分钟跑测试成绩评分表

体力级别	30 岁以下	30—39 岁	40—49 岁	50 岁以上
1 极差	1600 米以下	1500 米以下	1400 米以下	1300 米以下
2 差	1600—1999 米	1500—1799 米	1400—1699 米	1300—1599 米
3 稍差	2000—2399 米	1800—2199 米	1700—2099 米	1600—1999 米
4 好	2400—2799 米	2200—2599 米	2100—2499 米	2000—2399 米
5 极好	2800 米以上	2600 米以上	2500 米以上	2400 米以上

表 2-11　女子 12 分钟跑测试成绩评分表

体力级别	30 岁以下	30—39 岁	40—49 岁	50 岁以上
1 极差	1500 米以下	1400 米以下	1200 米以下	1000 米以下
2 差	1500—1799 米	1400—1699 米	1200—1499 米	1000—1399 米
3 稍差	1800—2199 米	1700—1999 米	1500—1799 米	1400—1699 米
4 好	2200—2599 米	2000—2399 米	1800—2299 米	1700—2199 米
5 极好	2600 米以上	2400 米以上	2300 米以上	2200 米以上

表 2-12　由 12 分钟跑成绩推算最大摄氧量

12 分钟跑成绩(m)	最大摄氧量 (ml·kg⁻¹·min⁻¹)	12 分钟跑成绩(m)	最大摄氧量 (ml·kg⁻¹·min⁻¹)
1000	14.0	1600	26.8
1100	16.1	1700	28.9
1200	18.3	1800	31.0
1300	20.4	1900	33.1
1400	22.5	2000	35.3
1500	24.6	2100	37.4

续 表

12min 跑成绩(m)	最大摄氧量 $(ml \cdot kg^{-1} \cdot min^{-1})$	12min 跑成绩(m)	最大摄氧量 $(ml \cdot kg^{-1} \cdot min^{-1})$
2200	39.5	3100	58.6
2300	41.6	3200	60.8
2400	43.8	3300	62.9
2500	45.9	3400	65.0
2600	48.0	3500	67.1
2700	50.1	3600	69.3
2800	52.3	3700	71.4
2900	54.4	3800	73.5
3000	56.5	3900	75.6

引自李洁、陈仁伟编著的《人体运动能力监测与评定》

8. 定量负荷试验:定量负荷试验是目前普遍使用的测量和评价心肺耐力的最有效方法。让受试者进行定量负荷工作,比较负荷前后心肺机能指标的变化情况,从而对心肺耐力做出客观的评价,目前常用的定量负荷试验有:哈佛台阶试验。

受试者按节拍器以每分钟上下台阶 30 次的负荷,持续运动 5 分钟。如因疲劳不能完成 5 分钟运动时,可中途停止,但要记下持续运动的时间。运动停止后立刻坐下,测量恢复期第 2、3、4 分钟的每分钟前 30 秒脉搏 P_1、P_2、P_3。

哈佛台阶试验指数 $= 1500 \times 100/(P_1 + P_2 + P_3) = 3000 \times 100/5.5P_2$

评价标准:

50 以下:差;

50—80:中;

80 以上:良好。

注:如果受试者未能完成 5 分钟的负荷时,可按卡特的评价公式:

修正哈佛台阶试验指数 $= (D \times 100/5.5 \times P) + 0.22(300 - D)$

D 为持续工作的秒数;

P 为运动后恢复期第 2、3、4 分钟的前 30 秒心率。

三、肌肉适能

（一）肌肉适能概念

肌肉适能是评价人体健康的一个重要项目，主要用于了解人体肌肉功能的水平。大量研究证实，肌肉适能不仅是人体运动的动力来源，而且也是维持心血管功能的重要保证。而肌肉适能为健康体适能的四大要素之一，可分为肌肉力量和肌肉耐力。肌力表示肌肉一次所能产生的最大力量。而肌耐力则是肌肉承受某种适当的负荷时，以肌肉运动反复次数的多少或持续运动时间的长短为代表。

20 世纪 90 年代以后，美国健康体适能协会（ACSM)倡导均衡发展"健康体适能"，建议除了提高心肺耐力以外，还要重视肌肉力量的提高，并提出肌肉力量和肌肉耐力是"健康体适能"的重要组成部分。而从事规律的肌肉适能训练对增强体质具有十分重要的意义，具体表现在以下几方面：

将有助于提高或维持骨密度（bonedensity），避免骨质疏松（osteoporosis）的发生；

可改善神经对肌肉的控制能力，促进肌肉发达，维持肌肉质量（musclemass）；

可优化身体成分，促进瘦体重（fat-frecmass）增加；

可强化软组织的强度，减缓腰背等部位疼痛，对于老年人群来说，良好的肌肉适能可有效抑制行动迟缓；

可改善自我意识，强化自我信心，适应并忍耐较大的情绪压力，增强完成日常工作的能力；

可以增强对气候和环境的适应能力；

可使注意力更集中，思维较敏锐，意志力增强。

总之，经常从事肌肉适能练习对维持理想体重、保持优美身材、预防运动损伤和提高生活质量具有重要的作用。

1. 肌肉力量（Muscular Strength）。狭义的肌肉力量是指身体某一肌群所产生的最大力量，亦指肌肉一次所爆发出的最大力。广义来说，肌肉力量就是人体的某一机群能够得到良好及均衡的发展，以用来应付工作生活的需要，也就是说每个人所需要的肌力体适能也不相同。在日常生活中所进行的任何一件事，都必须以肌肉力量来完成。如果肌力不足，会导致工作效率减低，易发生运动伤害，肌肉容易疲劳等。较好的肌肉力量不仅能够协助身体形成健美的骨骼、曲线和结实的肌肉,而且还能减肥,让人们的生活更美好、更健康。

2. 肌肉耐力(Muscular Endurance):肌肉耐力是指一块肌肉或肌群在某一负荷下能长时间保持持续收缩的能力。它与肌肉力量密切相关,在某种程度上依肌肉力量而定,因为肌肉力量较差的人能持续的时间较短,反复的次数也较少。

肌肉力量与肌肉耐力同时并列为与健康有关的体适能要素,健身运动时,绝不能忽略肌肉适能。肌肉适能对人体有以下益处:

(1)良好的肌肉适能可强化肌肉纤维,增加肌肉微血管的数量;

(2)良好的肌肉适能可强化骨骼,防止骨质疏松症的发生;

(3)适当的肌力使肌肉变得比较结实而有张力,避免肌肉萎缩松弛,防止肌肉流失,有助维持比较匀称、健美的身材;

(4)肌肉适能好,身体的动作效率较佳,肌力、肌耐力较好,使肌肉在应付同样的负荷时比较省力,也较耐久;

(5)肌肉适能好,对肌肉、关节等部位有较好的保护,有减缓受伤的防护功效。尤其是运动员,肌肉适能是避免运动伤害的重要因素;

(6)肌肉适能好,是维持好的身体姿势的基本条件。腹部和背部的肌肉适能与背部疼痛有密切关系。尤其是腹部肌力、肌耐力不好,骨盆即无法被悬吊在正常的位置而出现前倾,会迫使下背部位的腰椎过度前弯可能压迫脊髓神经造成疼痛;

(7)肌肉适能好有助于提升身体运动能力,这种运动能力,能够让你充分享受到运动的成就感与乐趣。

(二)肌肉适能测评

肌肉力量的评价常用方法,一般采用弹簧式或传感式张力计(cabletensiometer)检测,如握力计、背力计等,常用的指标有握力、背力等,见表2-13。

表 2-13　20—29 岁手握力测试前臂肌力常模表 （单位:千克）

能力组别	欠佳	尚叫	一般	良好	优异
男性	≤60	61—69	70—81	82—91	≥92
女性	≤34	35—39	40—47	48—54	≥55

（三）肌肉耐力的评价方法和常用指标

肌肉耐力的评价方法和常用指标可以采用肌肉群在一个固定负荷下重复收缩的次数和维持一定重量（70%）的持续时间或重复次数来评价。ACSM针对普通人群的标准评价方法是俯卧撑和仰卧起坐。此外，对肌肉耐力的评价方法也可以在力量训练器（Resistance training equipment）上进行，采用次最大重量，记录肌群重复工作的次数或在疲劳前保持持续收缩的时间，见表2-14。

表2-14　18—29岁1分钟仰卧起坐测试常模表　　　　（单位：次）

能力组别	欠佳	尚可	一般	良好	优异
男性	≤16	17—28	29—40	41—50	≥51
女性	≤13	14—21	22—26	27—34	≥35

（四）影响肌肉力量的因素

1. 肌肉体积：肌肉体积与肌肉力量有着密切的关系，肌肉体积的大小可用肌肉横断面积的大小来表示，肌肉横断面积越大，肌肉的体积就越大，肌肉力量也就越大，而且这种关系不受年龄、性别的影响。体育锻炼或体力劳动在提供肌肉力量的同时，总是伴随着肌肉体积的增加。

2. 肌纤维类型：骨骼肌的肌纤维可分为红肌纤维和白肌纤维两种类型，白肌纤维收缩产生的力量大，红肌纤维收缩产生的力量小。肌肉中肌纤维类型的比例受遗传因素的影响，肌肉中白肌纤维的比例越大，肌肉收缩力量也就越大。力量和速度练习可以增加肌肉中白肌纤维比例。

3. 神经调节：肌肉收缩力量，除了决定于肌肉本身的形状、机能特点外，还与神经系统的调节机能有关。神经系统可以通过两种方式调节肌肉力量：一种是通过发放强而集中的兴奋，动员尽量多的肌纤维参与收缩，以增大肌肉力量，有些人在肌肉最大收缩时也仅能动员60%的肌纤维参与收缩，而有些人则可动员80%以上的肌纤维参与收缩，显然在其他条件相同的情况下，后者的肌肉力量更大；二是通过增加神经中枢发放神经冲动的频率增加肌肉力量，神经冲动频率越高，肌肉力量越大。神经系统对肌肉力量的影响作用可以解释为什么有些人看上去虽然肌肉体积并不大，但肌肉力量却较大的现象。

四、柔韧性适能

柔韧性(flexihlity)是指人体各个关节的活动幅度和肌肉韧带的伸展能力，是人体一项重要的身体素质和健康指标。它不仅是运动能力的基础，而且还是人们完成日常工作和进行锻炼必备的能力。它对掌握运动技术、预防受伤的可能性、保持肌肉的弹性和爆发力、维持身体姿态等方面都具有很重要的意义，此外，保持良好的柔韧素质对维护健康，提升锻炼效果是相当有益的。

柔韧性反映了跨过关节相关的韧带、肌腱、肌肉、皮肤和其他组织的弹性和伸展力，可以分为静态和动态两种，表示方式分别为最大活动幅度和转动力矩。

柔韧性还分为一般柔韧性和专项柔韧性，一般柔韧性是指机体中最重要的关节的活动幅度，如肩、膝、髋等关节，这些关节活动幅度对健美操运动员来说是非常重要的。专项柔韧性是指专项运动所需要的特殊柔韧性，柔韧性受关节结构、肌肉及韧带和其他结缔组织的伸展度等因素的影响。

另外，关节周围软组织弹性和伸展性的提高对降低某些疾病(如后背疼和关节炎)的威胁也大有益处。因此，无论男女老少，不管是运动员还是普通人，都需要加以重视并经常进行柔韧素质练习。柔韧性差意味着相应的关节和肌肉缺乏运动。长时间缺乏发展柔韧性的练习，会导致关节或关节周围软组织发生变性、挛缩甚至粘连，因而限制了关节的运动幅度，牵拉时必然产生疼痛，所以扩大关节运动的幅度即扩大了人体活动的无痛范围。身体柔韧性差会影响体育活动、学习、工作，甚至会影响人们的健康与生活质量。所以柔韧性是身体健康素质的要素之一，必须引起人们的高度重视。

人体关节保持适当的柔韧性，具有以下好处：

一是避免关节僵硬及肌肉缩短，保持适当的柔韧性使身体的活动更灵活，并能减少肌肉紧张所带来的提早疲劳与疼痛。

二是柔韧性好的人，身体动作比较优美，彰显年轻、充满活力。

三是好的柔韧性，有助于减少运动伤害。肌肉的延展性较佳，关节活动的范围较大，在用力运动状况下，不易出现危险。

四是好的柔韧性，有助于提升运动能力。如跨栏选手髋关节柔韧性要好；肩关节和肘关节的柔韧性是游泳运动的重要因素。

柔韧性的评价具有一定的局限性，目前尚无一个独立的测试方法可以准确评价全身柔韧性素质。柔韧性的测定可通过坐位体前屈、双手背部对指试验、仰卧单举腿试验进行测定评价，也可采用柔韧性测量计、体型量度刻板等进行测定。经常测试部位是躯干、髋关节、下肢、肩关节等。

常用的评价方法：直接测量，指应用测角仪测量关节转动的幅度或程度。评价指标"关节角度"。间接测量，指通过测量身体运动环节移动的距离来判定关节最大活动幅度，一般采用坐位体前屈改良法和斯科伯改良法。

第四节　健康体适能运动处方

一、运动处方的概念

运动处方是医师在身体检查的基础上，根据锻炼者的需求，运用科学健身原理，以开处方的形式向其提供量化的健身运动方案。运动处方科学地规定了锻炼者的运动内容、运动强度、运动时间和要求等，从而向锻炼者提供了合理而有效的运动方案，保证着锻炼预期目标的实现。

二、运动处方的特点和作用

运动处方最大的特点是因人而异，能对锻炼者提出具体的运动负荷量度和运动方式，从而保证了身体锻炼的科学性和有效性。研究认为，运用运动处方锻炼，可收到如下明显的锻炼效果。

有助于保证锻炼的科学系统性，克服日常锻炼中存在的弊端；同时便于对整个身体锻炼过程进行反馈调节。

有助于增进身体健康，提高身体机能。一般来说，人们参加运动处方锻炼，是为改善自身身体状况，提高健康水平，预防疾病。另一方面，按照运动处方锻炼，又能有效地提高身体机能，比如提高机体的肌肉耐力、肌肉力量、爆发力、身体的灵敏性、平衡性和柔韧性等，这又能导致身体运动能力的提高。

能治疗疾病和使机体康复。许多慢性病患者，常常把运动处方作为治疗疾病和康复疗法的一种手段。严格地按照处方要求锻炼，就可大大提高运动中的安全性，尽可能减少意外事故的发生；有效地提高机体对疾病的抵抗力，达到治疗疾病的效果。

三、运动处方的种类

（一）运动处方按其功能，大致可分为以下三类

1. 锻炼性运动处方：主要用于提高身体机能，适合于青少年身体锻炼，要求有针对性地提高身体运动能力。这种处方往往带有全面锻炼的性质，并在某些方面有所侧重。

2. 预防性运动处方：主要用于中老年人健身防病。人过中年以后，身体就开始衰退，特别是心血管系统的衰退对人的影响更为明显。因此，中老年运动处方常常采用持续时间稍长的有氧耐力锻炼方案，以延缓和推迟机体的老化过程。

3. 治疗性运动处方：常用于某些疾病或外伤时治疗和康复，它使医疗体育更加定量化和更具针对性；比如减肥锻炼和心血管疾病的康复锻炼。这种处方常与其他治疗和康复措施结合起来进行。

（二）按所锻炼的器官系统，运动处方又可分为以下两类

1. 心脏体疗锻炼运动处方：它以提高心肺功能为主，用于冠心病、高血压、糖尿病、肥胖症等内脏器官疾病的防治和康复。

2. 运动器官体疗锻炼运动处方：功能障碍以及畸形的矫正等。

四、运动处方的要素

以改善肢体功能为主，用于因各种原因引起的运动器官一个完整的运动处方方案，其基本要素有四个，即运动项目、运动强度、运动时间和运动频度。

（一）运动项目

适用于一般健康者和慢性病锻炼者的运动项目，可以分为五类。

1. 耐力性锻炼项目，如步行、长跑、骑自行车、长距离游泳、登山、远足等。从生理机制上看属于有氧代谢运动。

2. 力量性锻炼项目，如练效力器、哑铃、杠铃、实心球，以及克服自身体重的练习（如引体向上）、多功能练习器等。这类练习在性质上往往与改善体型练习、健美运动练习相匹配。

3. 放松性锻炼项目，如散步、旅行、按摩、打太极拳等。

4. 一般健身性锻炼项目，如各种球类运动、游戏、广播体操、徒手或器械体操、八段锦等，属于非特异性锻炼项目。

5. 专门性体操锻炼项目，如为不同锻炼者或比赛参加者设计的医疗体操、矫正体操、健美操等。

不同的运动锻炼项目,对身体形态、机能和身体素质的发展是不相同的,其基本原则是,只有"对推"相应的身体部位和器官系统施加影响,才能有针对性地发展相关的身体形态和机能,如为增大上肢横径和改善上肢力量,就要以上肢为主要活动部位,去完成抗阻(克服阻力)练习,这时就可选用引体向上、俯卧撑、扔实心球、哑铃、杠铃练习等。要有针对性地提高身体素质要遵循提高身体素质的专门要求。

（二）运动强度

运动强度是运动处方的核心部分,反映机体运动时用力的大小和机体紧张度,是指单位时间内的运动量,即:运动强度＝运动量／运动时间。运动强度是设计运动处方中最困难的部分,它是运动处方四要素中最重要的一个因素,也是运动处方定量化与科学性的核心问题。因此需要有适当的监测来确定运动强度是否适宜,可根据训练时的心率、梅脱（METs）、主观感觉程度（RPE）、最大吸氧量贮备百分比进行定量化。

1. 心率。

心率和运动强度之间存在线性关系。通常,用心率确定运动强度有两种方法。

（1）用最大心率（HRmax）的百分比来确定运动强度。

最大心率不容易测定,可用公式:最大心率＝220－年龄来推算。湖南师大体育学院运动人体科学教研室的实验研究表明这一公式适用于国人。通常认为提高有氧适能的运动处方宜采用 55％—77％HRmax。

（2）用最大心率贮备（HRR）百分比来确定运动强度。

最大心率贮备等于最大心率减安静心率之差。在实际应用时,是用贮备心率和安静时心率同时来确定运动时的心率,称靶心率（THR）,这一方法是卡沃南提出的,其计算公式是:

靶心率 ＝（最大心率－安静时心率）×（0.6－0.8）＋安静时心率

0.6－0.8 为适宜强度系数,亦即 60％－80％最大心率贮备。通常认为,在此强度系数范围内,运动能有效地提高有氧适能。

2. 代谢当量（梅脱）。

梅脱是以安静时的能量消耗为基础,表达各种活动时的相对能量代谢水平。机体的耗氧量与身体活动时的能耗量成正比,静息状态下耗氧量绝对值约为250ml,相对值约为 3.5毫升/（千克·分钟）,这一安静状态下的值规定为 1 梅脱(METs)。例如一项活动时的吸氧量为 14 毫升/(千克·分钟),则 METs＝14÷3.5＝4.0。此外,还可以先用间接测定的方法来推算最大吸氧量,然后折算为 METs 值。

3. 自感用力度(RPE)。

研究证明,用力的主观评价与工作负荷、最大心率贮备百分数、每分通气量和吸氧量、甚至和血乳酸水平高度相关。Borg 提出 RPE × 10 约与心率相等。RPE11—16 和心率 110—160 次/分钟相当,此值在典型的训练强度范围内。对正常人,RPE11—16 也与绝对运动强度范围 50％—75％最大梅脱（METs）相近,许多研究证明,RPE 可应用于各种人群而不论年龄、性别和出身。换言之,我们的工作强度的主观评价同受工作影响内部因素一样,都能给负荷本身提供一个精确的评价。

4. 最大吸氧量贮备百分比。

最大吸氧量贮备为最大吸氧量减静息吸氧量。以前认为最大吸氧量百分比与最大心率贮备百分比相当,而近年来大量研究证实,最大心率贮备百分比与最大吸氧量贮备百分比的当量关系比最大心率贮备百分比与最大吸氧量百分比的当量关系更为密切和精确,故建议用最大吸氧量贮备百分比取代最大吸氧量百分比和最大心率贮备百分比一起,作为运动处方中常用强度控制指标。

5. 运动频率。

指每周锻炼的次数,每周锻炼 3—4 次是最适宜的频率。但由于运动效应的蓄积作用,间隔不宜超过 3 天。作为一般健身保健或处于退休和疗养条件者,坚持每天锻炼一次当然更好,但前提条件是次日不残留疲劳,每日运动才是可取的。关键是运动习惯性或运动生活化,即各人可选择适合自己情况的锻炼次数,但每周最低不能少于 2 次。

6. 持续时间。

运动持续时间和运动强度关系密切。因为当运动强度达到阈强度后,一次运动的效果是由总运动量来决定的,而总运动量＝运动强度×运动时间,即由两者的配合来共同决定,在总运动量确定时,运动强度与运动时间成反比。运动强度较大则运动时间较短,运动强度较小则运动时间较长。

（三）运动时间

运动时间指每次运动所持续的时间,即达到处方强度后必须保持的时间。运动时间的长短,要根据个人资料、医学检查情况来确定。

有的研究认为,每次进行 20—60 分钟的耐力性运动是比较适宜的,从运动生理学的角度来说,5分钟是全身耐力运动所需的最短时间。库伯认为心率达到150次/分以上时,持续5分钟即可收到效果。如果心率在150次/分以下时,就需要5分钟以上才有效果。

与运动时间相关的因素有:运动项目、运动强度、运动频度和运动方式、年龄体质因素等。

1. 与运动项目有关:从事力量、速度项目锻炼,其运动持续时间应短;耐力性项目其持续时间应稍长。因为要使呼吸、循环系统充分动员起来,大约需要5分钟,在达到恒常运动以后还要继续运动一段时间才有效果。

2. 与运动强度有关:运动时间与运动强度成反比,运动强度越大,则持续时间越短;运动强度越小,则持续时间越长,见表2-15。

表 2-15　运动时间与运动强度对比表

运动时间(分)		5	10	15	30	60
运动强度	小强度	70	65	60	50	40
	中强度	80	75	70	60	50
	大强度	90	85	80	70	60

3. 与运动频度有关:当运动强度固定不变时,运动时间与运动频率成反比关系。由此可见,运动频度越大,则每次运动时间越短。反之,则运动时间越长。

4. 与年龄和体质因素有关:当运动强度不变时,年龄越轻,体质越好,则运动持续时间越长。然而,在锻炼实践中,由于年龄体质因素对运动强度的影响更大。因而,随着年龄的增大而对运动处方方案加以调整时,往往是通过调整运动强度以维持一定的运动时间。特别是到了老年期,由于退休和离休带来的时间充裕,保证了运动时间的恒定或略有延长,这时就要求大幅度降低运动强度,尽可能维持恒定的运动时间来保证锻炼效果,而不会使机体过于疲劳。

(四)运动频度(每周锻炼次数)

究竟每周应活动多少次,从理论上说,只有不造成疲劳积累并能形成超量恢复效果的那种运动频度才是最理想的,然而,在实际锻炼中如何控制却是较为复杂的。

有人观察认为,当每周锻炼多于3次时,最大吸氧量的增加逐渐趋于平坦。当锻炼次数增加到5次以上时,最大吸氧量的提高幅度很小,而每周锻炼少于2

次时,通常不引起最大吸氧量比的改变。日本学者池上晴夫研究认为,一周运动
1 次时,运动效果不蓄积,肌肉痛和疲劳每次都发生,运动后 1—3 天身体不适,
且易发生伤害事故。一周运动 2 次,疼痛和疲劳减轻,效果有蓄积,但不显著;一
周运动 3 次.不仅效果可以充分蓄积,也不产生疲劳。如果增加到每周 4—5 次,
效果也相应体现。美国的科学家们也证实,肌肉一旦停止锻炼,其退化速度之快
是惊人的。一个人 3 天不运动,其肌肉最大力量会丧失。如果锻炼 2—3 天后肌
肉不能再次"取得"合乎需要的物理效果,锻炼就会前功尽弃。

综上所述,可以认为,每周锻炼次数以 3—5 次较合适,基本上以隔日运动
为宜;运动间隔时间一般不宜超过 3 天。如果每周运动在 2 次以下,则运动效
果不明显。如果采用小的运动负荷或从事不残留疲劳的运动,则每日运动是
可取的。

五、运动处方的制定程序与原则

(一)制定程序

根据我国现有的身体测试设施的条件,处方制定程序不能完全拘泥于国外
书本中规定的方法。建议按下列的简易步骤进行。

第一步:进行一般调查和填写 PRA-Q 筛选问卷,一般调查包括询问病史及
健康状况,询问内容包括既往病史、家族史、身高、体重。目前的健康状况包括最
近是否测过血压或血脂,结果如何,最近有否患病,如有,详细询问诊断及治疗情
况。如实填写 PRA-Q 问卷。通过调查和问卷初步筛选出怀疑有心血管疾病患
者,可嘱其到医院进行运动试验复查。

第二步:用前面介绍的 12 分钟跑等方法推测其健康体适能水平。

第二步:根据个人具体情况制定运动处方。

第四步:对运动处方进行修改或微调,按处方活动一段时间后,根据参加者
的生理反应和适应状况,再对处方做进一步的修改或调整。

第五步:实施运动处方。

(二)运动处方的原则

(1)因人而异的原则:要根据每一个参加锻炼者或病人的具体情况,制定出
符合个人身体客观条件及要求的运动处方。

(2)有效的原则:运动处方的制定和实施应使参加锻炼者或病人的功能状态
有所改善。

（3）安全的原则：按运动处方运动，应保证在安全的范围内进行，若超出安全的界限，则可能发生危险。在制定和实施运动处方时，应严格遵循各项规定和要求，以确保安全。

（4）全面的原则：运动处方应遵循全面身心健康的原则，在运动处方的制定和实施中，应注意维持人体生理和心理的平衡，以达到"全面身心健康"的目的。

第五节　运动处方实施的基本要素

在运动处方的实施过程中，应注意每一次干预课的安排、运动量的监控及医务监督。每一次训练课都应包括三个部分，即准备活动部分、基本部分和整理活动部分。

一、干预课组成

（一）准备活动部分

准备活动部分的主要作用是：使身体逐渐从安静状态进入到工作（运动）状态，逐渐适应运动强度较大的训练部分的运动，避免出现心血管、呼吸等内脏器官系统突然承受较大运动负荷而引起的意外，避免肌肉、韧带、关节等运动器官的损伤。

在运动处方的实施中，准备活动部分常采用运动强度小的有氧运动和伸展性体操，如：步行、慢跑、徒手操、太极拳等。

准备活动部分的时间，可根据不同的锻炼阶段有所变化。在开始锻炼的早期阶段，准备活动的时间可为 10—15 分钟；在锻炼的中后期准备活动的时间可减少为 5—10 分钟。

（二）基本部分

基本部分是运动处方的主要内容，是达到康复或健身目的的主要途径。运动处方基本部分的运动内容、运动强度、运动时间等，应按照具体运动处方的规定实施。

（三）整理活动部分

每一次按运动处方进行锻炼时，都应安排一定内容和时间的整理活动。整理活动的主要作用是：避免出现因突然停止运动而引起的心血管系统、呼吸系统、植物性神经系统的症状，如头晕、恶心、重力性休克等。

常用的整理活动有：散步、放松体操、自我按摩等，整理活动的时间一般为 5 分钟左右。

二、运动量大小要素

决定运动量的因素有：负荷强度（所加负荷的重量）、持续时间（完成一次练习所用时间）、每组重复次数、完成组数、次或组间隔以及每日或每周练习次数。在这些因素中，负荷强度是影响锻炼效果好坏的关键因素。不同种类的练习，确定负荷强度的方法不同，静止性练习按所能持续的时间决定负荷强度（重量），动力性练习以每组所能重复的次数决定负荷强度。

三、运动量大小监控

无论是健身锻炼还是运动训练，都存在一个合理安排运动量的问题。在大学生体育锻炼中，锻炼效果好坏，也往往取决于运动量的大小。如果运动量过小，无法充分动员内脏器官的潜力，这样就达不到提高内脏器官功能的目的，锻炼的效果甚微。运动量过大，就会超过人体生理负荷的极限，不仅达不到增强体质的目的，对锻炼者的健康也有不利影响。怎样安排运动量才算是合适呢？一般可以用客观生理指标的测定和锻炼者的主观感觉来分析，便可知道运动量安排是否合适。

（一）客观指标测定法

即用仪表监测有机体在运动过程中各项生理、生化指标的变化情况。根据监测所得各项数据及其变化情况，及时评定并调控运动量。目前常用指标包括锻炼前后及安静时的脉搏、血压、体重、肺活量、心电图、尿蛋白和血色素等指标。

1. 测量脉搏。

测量脉搏是最简单易行，且最能反映机体情况的一个指标。

（1）用锻炼结束后的心率评定，每次锻炼结束 5—10 分钟立即测脉搏，并与安静心率比较。高出安静心率 6 次/分钟以上，说明机体反应不佳，如无疾病或其他原因，则说明运动量过大，应该予以调整；在 2—5 次/分钟之间，说明运动量适度；若基本恢复安静心率状态，说明运动量偏小。

（2）用晨脉评定，每次锻炼后，次日早晨醒来后安静躺 1—3 分钟，自测脉搏并与安静心率比较。高出 6 次/分钟以上，说明运动量过大；2—5 次/分钟之间，说明运动量适度;若基本恢复安静心率状态,说明运动量偏小。

2. 运动后血压恢复时间。

(1)用锻炼后血压的恢复状况评定。

如果血压在运动后 3—5 分钟内即可恢复到安静水平,说明运动量较小;中等运动量训练后,血压需要 30—40 分钟才能恢复正常;而大运动量训练后,血压恢复正常需要 24 小时。

(2)用晨压评定。

起床前的血压变化可以反映肌体对前一天运动量的适应情况。当清晨血压比往常高 20% 以上或收缩压高于 140 毫米汞柱、舒张压高于 90 毫米汞柱时,往往说明机体有病或前一天的训练还没有恢复,运动量偏大。

3. 体重的变化。

正常训练中,成年人的体重应该保持在基本恒定的水平。一次大运动量训练后可以出现较明显的体重下降,但一般经过一到两天就可以恢复。如果训练期间出现体重持续减轻,且减轻幅度超过正常体重的 1/30 时,说明运动量有可能安排不当或机体有生病的可能,要引起注意。儿童、少年运动员的体重长期保持不变甚至下降都是不正常现象。

4. 尿蛋白。

正常人体尿液中,蛋白质的含量很少,但在剧烈运动后,尿中会出现蛋白质。可以连续地测定运动后次日清晨的尿蛋白的量,如果训练的开始阶段增加,而后逐渐减少,这说明锻炼者对运动量从不适应到适应,是一个好现象。如果开始时增加,而后数量不仅不减少,反而逐渐增加,恢复也慢,这说明身体不适应,所安排的运动量,尤其是运动强度应予以及时调整。

5. 心电图。

运动员经过长期训练后,心电图往往表现出某些特征,譬如窦性心动过缓、房室传导阻滞等。这是由于迷走神经作用加强,心脏产生适应的结果。但是,在运动量过大,训练过度,心脏功能不良时也会出现上述相类似的心电图改变。所以,应当结合其他征象进行仔细地分析判断;尤其是当心电图出现显著窦性心律不齐、早搏、长期存在的不完全右束支传导阻滞以及 ST 段降低,T 波倒置等极异常改变时,更要密切注意,因为上述情况很可能是过度训练、心功能不良的表现,

（二）自我感知法

又叫自我监督或自我身体检查,它是根据参加运动的人在锻炼过程中和锻

炼结束后 3—12 小时（甚至 24 小时）内的主观感觉进行判断，其内容包括身心对疲劳程度的自我感受、睡眠、食欲、锻炼欲望等。一般可以从以下两方面进行判断。

1. 运动过程中或运动结束后，如感到全身舒展，精神焕发，有再运动一会的要求，说明运动量适度。相反，如果运动结束后 4—12 小时内，有吃不香、睡不实、对再运动持冷漠态度或者运动后次日早晨醒来自感很疲劳、全身乏力、萎靡不振甚至头晕等，说明运动量过大。有上述反应要适当调整运动量。

2. 运动过程中或运动结束后，稍有疲劳感，肌肉略有酸胀，但不影响学习、工作和睡眠，且肌肉酸胀在 1—3 小时内自然消除，说明运动量适度。但是，如果局部肌肉有酸痛，痛点区扩大并加剧时，可能是肌肉或肌腱有隐性炎症，也可能是练习手段安排不当所致。当肌肉有不同程度发紧或麻木感时，也说明运动量过大。如有上述反应都应调整或降低强度，甚至停止练习。

第三章
健康体适能干预的基本内容

本篇旨在通过理论和实践相互结合的方式介绍健康体适能主要构成要素的健康干预方法,在干预过程中需要注意的一些细节问题和要素。

第一节　身体成分干预

身体成分由三个要素构成:肥胖、体重过轻和标准体重,对于肥胖和体重过轻的人来说都会导致不健康现象的发生,而这些不健康因素,需要通过合理正确的方法和手段去干预和调整。

一、运动处方

科学节食与运动相结合仅对轻度肥胖者有效,而对较重肥胖者减肥效果不能持久。单纯限制饮食能控制体重者一般不到 20%,大约 50% 的人在 2—3 年内恢复以前的体重。实践证明严格限制饮食常会引起营养缺乏症、乏力、嗜睡,造成日常活动减少和身体能耗下降,这实际上保存了能量,使减肥效果减弱。如果只限制饮食不进行有氧代谢运动锻炼,还会导致肌肉减少,见表 3-1。

减轻体重 1 克所需要的运动量依靠脂肪供能 37.67 千焦耳(9 千卡),但体脂肪含水分和其他物质,故 1 克体脂肪的能量约为 29.3 千焦耳(7 千卡)。所以要减轻体重,可选择适当的运动消耗这些能量,可用下列公式粗略计算运动量:

运动量(千焦耳)＝相对能量代谢率(RMR)×运动时间(分钟)

例如,以每分钟 140 米的速度轻松慢跑时,RMR 为 7.0 左右,要消耗 29.3 千焦耳能量需要跑步 1000 分钟。若以每天 30 分钟、每周 6 次的跑步运动 40 天,则按此比例减 10 千克体重需要用 1 年以上时间。其他运动也可按同样方式计算。一般每小时慢跑 8.8 千米可消耗 3034.5 千焦耳(725 千卡)能量,每小时步行 6.4 千米,可消耗 1611 千焦耳(385 千卡)能量。

表 3-1 肥胖者的食物选择及忌食

食物种类	允许进食的食物	忌用食物
谷类	大米、面粉、玉米、莜面、荞面、小米等	奶油蛋糕及各种含高糖、脂肪的糕点和蜜饯等
肉、禽、鱼类(适量)	猪、牛、羊瘦肉,兔肉,鸡肉以及少脂肪的鱼	肥肉、各种动物脂肪、腊肉、肥肠、肥鸭等
奶、蛋类(适量)	奶、脱脂奶粉、鸡蛋(1个/天)	全脂奶粉、奶油、奶酪
蔬菜类(不限)	各种新鲜蔬菜,绿色的叶、茎菜、花菜	含淀粉高的薯类、芋头
豆类(适量)	各种豆类,尤其豆制品	
水果类(适量)	各种新鲜水果,如山楂、鲜枣、瓜类等	含糖较高的水果、高脂肪干果、水果罐头、蜜饯
饮料及其他	茶、咖啡、海带、蕈类	含高糖饮料及酒精饮料、巧克力

减肥运动的强度:从能量消耗的角度来看,强度中等的运动(如长跑),可以持续较长的时间,总能量消耗就多。而且中等强度运动除了糖以外,脂肪是供能的重要来源。根据这个道理,时间长、中等强度的运动对减肥效果最好。

日本爱知大学运动医疗中心提出的运动减肥方案是:运动强度为最大运动量的 40%—60%;每次运动 2.5 小时,消耗能量 1004.5—1255.7 千焦耳(240—300 千卡);每周运动 3 次以上,有人认为减肥运动最佳心率的计算方法是:

$$(220-年龄-安静心率)÷2+安静心率$$

选择适合的运动项目:一是锻炼全身体力和耐力的有氧运动项目,如长距离步行、慢跑、自行车和游泳等;二是锻炼肌力、肌肉耐力为目标的拉力器等静态运动;三是准备活动和整理活动的伸展体操。尤应注意不断更换运动内容,以免厌烦。但有高血压和冠心病时,不要做等长(静力)运动,以免引起心率过快和血压升高。

减肥目标和计划:美国运动生理学家莫尔豪斯认为:减肥必须采取理智和稳健的方法,即根据自己的实际情况制定切实可行的减肥目标和计划,然后逐渐调整热量消耗与饮食的关系。他提醒减肥者,在 1 周内减体重不应超过 0.45 千克,否则不能真正长久地减肥。

有了目标即可实行每周 0.45 千克的减肥计划。由于 0.45 千克脂肪可以产生 14649 千焦耳(3500 千卡)的热量。所以,平均每天要比摄及量多消耗 20927

千焦耳(5000 千卡)。消耗这些热量的最佳办法是：每天减少 8371 千焦耳(2000 千卡)热量的食物，再用运动多消耗 12556 千焦耳(3000 千卡)热量。

处方程序和锻炼方法：

准备活动 5 分钟，可做些腰、腿髋关节轻微活动；

慢走与快走交替 20 分钟，如步行由慢—快—慢，用 10 分钟走完 1200 米，速度 2 步/秒，再用 10 分钟，走完 1300 米；

基础体力练习 15 分钟；仰卧起坐 20 个(手抱头或不抱均可)；俯卧撑 20 个；俯卧抬起上体 20 个；提脚跟 50 次；立卧撑 20 次；蹲跳起 20 次。

以上全部内容锻炼 45 分钟，共消耗热量约 12556.5 千焦耳(3000 千卡)，此热量相当于米饭 90 克，或 3 个煎鸡蛋。

注意事项：锻炼时轻松或过于吃力，可稍调节内容和次数；锻炼后第二天不感到疲劳为宜，可每周适当增加运动量；严寒、酷暑或身体不适时，应停止锻炼，不可蛮干。

运动种类：步行、慢跑、自行车、游泳、滑冰等。

辅助项目：太极掌(套路)、乒乓球、羽毛球、网球、健身操等。

运动强度：慢跑速度开始由 100—110 米/分，逐渐增到 120—180 米/分。运动时心率控制在 20—30 岁 150—160 次/分；40 岁 140 次/分；50 岁 130 次/分；60 岁 120 次/分以内为宜。

运动时间与频度：每次 30—40 分钟，每周 3—5 次。

二、干预处方要领

(一) 运动方式

选择以大肌群参与的动力型、节律性的有氧运动，步行、快走、健身操、骑自行车和游泳等。有助于维持能量平衡，长期保持肥胖者的体重不反弹，提高心肺功能。其中自行车和游泳尤其适合肥胖者。水中运动是最有前途的减肥手段，除可增加左心室收缩和舒张末直径改善有氧运动能力外，还可依靠浮力减轻关节负荷。此外，还可以利用水的导热性能，将运动中产生的热量排出体外。除游泳外，水中运动还包括水中行走、跑步、跳跃、踢水球类游戏的多种形式，结合被干预者的具体情况进行选择，配合力量性练习不仅能降低体脂，还可以改善体型、增强肌力，既增进健康又增加健美，同时还可以改善胰岛素抵抗。力量性练习主要是躯干和四肢大肌群的运动，可以利用自身的体重进行仰卧起坐、下蹲起立的方式，也可利用哑铃、拉力器等运动器械进行锻炼。

（二）运动强度

关系到运动处方的有效性和安全性，普遍认为有氧运动中，以 50%—70% VO_{2max} 或 60%—80% 的最大心率为宜；开始进行时。运动强度应从 50% VO_{2max} 或 60% 的最大心率开始，逐渐增加。运动中患者可以自测心率衡量运动强度，以测量桡动脉的脉搏为例：一般来说 30—39 岁者运动心率 110—150 次/分；40—49 岁者 105—141 次/分；50—60 岁者心率 100—140 次/分；60 岁以上者 100—130 次/分为适合。

（三）运动时间

有氧运动时，每次运动时间持续 30—60 分钟。其中包括准备活动时间 5—10 分钟，靶运动强度运动时间 20—40 分钟，放松运动时间 5—10 分钟。力量练习时可取最大肌力的 60%—80% 作为运动负荷，重复 20—30 次/组，每隔两三周增加运动负荷，根据不同年龄和体质配合运动强度调节运动量，中老年、体质较差的肥胖者可进行运动强度较低、时间较长的运动项目，而年轻体质较好的肥胖者可进行强度较大、时间相对较短的运动。

（四）运动频率

一般认为每周至少 3 次，5—7 次较为理想。若患者情况允许，有氧运动也可以每天早晚各一次，以增加热量的消耗，提高减肥效果。

三、实施及注意事项

强调运动疗法与饮食疗法平行进行，增强减肥疗效。运动实施前后要有准备活动和放松运动，主要是运动关节的活动和韧带的牵伸，避免心脑血管意外事情的发生。肥胖者因体重的原因，尤其是 60 岁以上者常合并骨关节退行性改变，运动中易招致膝、踝等关节损伤，运动时穿轻便软底鞋；同时指导患者选择适当的下肢减重的运动方式。运动循序渐进，开始时运动强度较低，时间短，而后逐渐延长时间，增加强度。采用集体治疗法，有利于患者之间的相互交流，树立信心，长期坚持。运动要在医生的指导和监护下进行，减肥是一个长期的过程，需要有目的、有计划地进行，在具体设计运动处方时，应参考患者每天日常生活活动的能量消耗，将其总量的 10% 定为日运动量，然后根据患者的个体情况（运动爱好、运动场所等）转换成具体的运动种类及时间。指导实施后再根据疗效及反应进行调整。

四、减肥要点

持之以恒。

运动与科学饮食相结合。

运动强度和时间要科学。减肥的效果与运动所消耗的能量有关,为此,减肥运动的关键是能持续一定长的时间。研究表明:中强度的长时间持续运动,消耗的总能量明显上升,并以脂肪氧化供能为主。

选择合适的运动项目。用于减肥应选择有氧运动为主,同时,也应注意改善减肥者各关节的活动范围和进行伸展性、灵活性运动。

五、运动减肥的机理

运动作为减肥的最有效方法之一,是因为:人体运动时主要能源来自于糖和脂肪。有氧运动中,肌肉收缩活动初期能源为糖,当持续运动达 120 分钟以上时,游离脂肪酸供能达 50%—70%之多。因此时肌肉对血中游离脂肪酸和葡萄糖的摄取和利用增多,导致脂肪细胞释放大量的游离脂肪酸,使脂肪细胞瘦小,同时使多余的血糖被消耗而不能转化为脂肪,结果体内脂肪减少,体重下降。

研究表明,体育运动能改善脂质代谢。运动时肾上腺素、去甲肾上腺素分泌量增加,可提高脂蛋白酶的活性,加速富含甘油三酯和低密度脂蛋白的分解,从而降低血脂而使高密度脂蛋白升高,最终加快游离脂肪酸的作用。

经常从事耐力运动的人,外围组织,尤其是肌肉细胞膜上的胰岛素受体敏感性提高,与胰岛素的结合能力增强。胰岛素对脂肪的分解有很强的抑制作用,它的减少伴有儿茶酚胺和生长激素等的升高,最终加快游离脂肪酸作用。

减肥的关键在于运动,目前,专家们认为,要减肥一是节制饮食,二是加强运动,即减少摄入的热量或者努力消耗体内的热量。所以说值得大力提倡的是两个方面:一是平衡膳食,另一个就是运动。美国专家的调查表明,要使减肥持久坚持下去,除了有节制地减少摄入的热量外,必须增加运动量。

六、体重过轻干预

目前,体重过轻人群越来越引起人们的关注,有关数据表明消瘦也成为威胁健康的杀手之一。消瘦指的是体重低于标准体重的 20%,常由于体内的脂肪及蛋白质缺乏引起。它受许多因素的影响,有时是疾病的预兆,必须引起重视。体质性因素消瘦的人,父母多是消瘦体形,但无明显病态表现,这大多是由先天遗传因素决定的。引起消瘦最重要的原因是体内热量收支不平衡,其根本原因是消化和吸收功能发生了障碍,影响正常的消化和吸收。

（一）引起消瘦的常见疾病

1. 消化系统疾病如慢性胃炎、消化性溃疡、慢性结肠炎、吸收不良综合征、腹泻等。

2. 神经—内分泌代谢疾病如甲亢、慢性肾上腺皮质机能减退、糖尿病、胰腺疾病、垂体性消瘦综合征、精神性厌食等。

3. 消耗增加也会引起消瘦,劳累过度、持续低热、恶性肿瘤等均可加速机体营养物质的消耗。

（二）消瘦的检查、治疗和调节

凡是不明原因的消瘦,应到正规医院作全面检查,尤其是中老年人,因为这常是恶性肿瘤的表现。

1. 伴有消化道不适症状,应根据情况进行胃肠镜、钡餐透视、超声波检查及大便常规和肛门指检等各项检查,以便确诊,及早治疗。

2. 伴有精神因素者,可运用情志疗法进行心理治疗。同时应尽量避免服用对胃肠刺激性较大的药物。

3. 消瘦的本质在于机体营养物质的吸收和利用发生了体能障碍,所以平时饮食调节尤为重要。对碳水化合物、脂肪、蛋白质应合理供给,多食脂肪和蛋白质,多吃富含维生素和矿物质的食物,戒烟、戒酒,不喝刺激性饮料如浓茶、咖啡、碳酸饮料等。

4. 患者需要保持心情舒畅、劳逸结合,建立规律的生活方式和作息制度,保证充足睡眠。经常跑步、散步、练太极拳、气功等,对消瘦体质的改善都有好处。对于体重过轻者,体育锻炼同样重要。一般人认为体重过轻者不宜运动,这是一个误区。恰恰相反,除了合理饮食以外,应该有计划、科学合理地进行锻炼,如慢跑、游泳、肌肉力量练习等。适当的运动不仅有利于增强消化系统的功能,增进食欲,也能使肌肉强壮,体魄健美。人体的肌肉是"用进废退",如果长期得不到锻炼,肌肉纤维就会相对萎缩,变得薄软无力,人也就显得更加瘦弱。

第二节 心肺适能干预

心肺适能是指个人的肺与心脏,从空气中携带氧气并将氧气输送到组织细胞加以使用的能力。因此,心肺适能可以说是个人的心脏、肺、血管与组织细胞的有氧能力指标。心肺适能较佳,可以使我们运动持续较久,且不至于很快疲劳,也可以使我们平日工作时间更久,更有效率。心肺适能较差,不仅容易疲劳,精神萎靡不振,而且较容易有心血管疾病的发生。这项适能主要代表的是人体中心脏、肺脏及心血管系统的适应能力,所以也被称为心肺能力(Cardio Respiratory Capacity)、心血管循环耐力(Cadio Vascular Endurance)或是有氧适能(Aerobic Fitness Sharkey),简单地说,心肺适能就是心脏输送血液与氧气至全身的能力。

一、提高心肺适能的方法

(一)最大摄氧量及其体育锻炼

最大摄氧量是指身体发挥最大功能水平,每分钟摄入并供组织细胞消耗的氧气量,最大摄氧量是有氧代谢能力的基础,一般人的最大摄氧量为 2—3 升/分,经常参加体育锻炼的人可达 4—5 升/分,在进行有氧耐力练习时,可以最大摄氧量作为参考指标确定运动强度。对于身体机能状况较好的青壮年人来说,运动强度可相当于 80％的最大摄氧量;对老年人则以采用 40％—60％的最大摄氧量强度发展有氧耐力较为合适。

(二)无氧阈及其体育锻炼

无氧阈是人体在进行递增性体育锻炼过程中,由有氧代谢供能开始大量动用无氧代谢供能的转折点,这一转折点相当于一般人心率在 140—150 次/分时的运动强度。也就是说,体育锻炼时心率在 140 次/分以下,主要是发展有氧耐力,心率 150 次/分以上,就主要是发展机体的无氧耐力。因此,不管采用何种体育锻炼方式,只要是以发展有氧耐力为主要目的的练习,心率最好不要超过 150 次/分。

二、常用的心肺适能练习方法

心肺适能的训练方法主要有持续负荷法、间断负荷法和高原训练法。

(一)持续负荷法

持续负荷法是发展有氧耐力的主要方法。其特点是负荷量大,没有间歇。持续负荷法根据速度是否变化又分为匀速训练和变速训练两种。采用持续负荷法训练时,每次负荷时间不少于 30 分钟,练习强度可以通过测定心率等方法计算,心率可控制在每分钟 150—170 次,采用变速训练时,可在练习过程中逐步提高速度,即从较低的强度提高到中等强度,例如第一个 1/3 的距离可用较低的速度完成,然后将速度提高到稍低于中等强度的水平,最后 1/3 距离则用中等强度的速度完成。此外,还可以从中等到最大不断变换强度。例如,在每 1—10 分钟的最高强度负荷后,可穿插安排中等强度负荷,以保证机体在下一次提高负荷前稍有调整,采用最大负荷时,心率可达到 180 次/分,恢复阶段降到 140 次/分。有节奏的、波浪形变化的强度安排,有助于进行大负荷训练,并能有效提高心脏和中枢神经系统功能,提高机体在不同情况下的适应能力,从而大大提高有氧耐力水平。

(二)间断负荷法

间断负荷法又分为间歇训练法和重复训练法,其主要特征如下。间歇训练法是一种采用各种强度的重复刺激,并在练习之间按预定计划安排间歇时间,不完全休息的训练方法,这种方法对发展耐力水平非常有效。

间歇训练的主要影响因素有强度、负荷数量、持续时间、间歇时间、休息方式、练习组合等。

强度:短距离或中距离间歇训练心率应达到 170—180 次/分。长距离间歇训练心率应达到 160—170 次/分。只有用较大强度才能有效提高心脏功能,达到发展有氧耐力的目的。

负荷数量:负荷数量一般以距离和时间来标志。其基本要求是一次练习负荷数量不要过多,若一次练习负荷数量多,持续时间长,则会导致工作强度下降,不利于心脏功能的提高。

持续时间:练习持续时间可根据练习任务和运动员本身情况确定。每一次练习的持续时间,可分别为 15—90 秒、2—8 分钟等。在训练中较多的是 60—90 秒。但整个练习持续时间应尽可能延长,应保持在半小时以上。只有这样才能提高有氧的能力及心脏的潜在功能,并有利于意志品质的培养。

间歇时间:为实现对运动员呼吸和心血管系统不间断的刺激,主要以心率来控制间歇时间。其基本要求是在运动员机体尚未完全恢复(心率恢复到 120—140 次/分)时进行下一次练习。这样可使运动员在积极性休息阶段摄取大量氧气,并使整个练习过程的摄氧量和心搏量都保持在较高的水平上。

休息方式:采用轻微的积极性活动休息方式(如慢跑),以对肌肉中的毛细血管起到"按摩作用",使血液尽快流回心脏,再重新分配到全身,以尽快排除机体中堆积的酸性代谢产物,以利于下一次练习。

(三)高原训练法

高原空气密度只有海拔平面的 77%,氧含量只有平原地区的四分之三左右,氧分压大于平原地区的 20%—20%,当参与者在这样的环境下进行训练时,由于"调节适应期"产生应激,溶解在血管里的部分氧气受低气压的影响不易被身体吸收,使血管体积变大,血管扩张,血管壁增厚,血管变粗,通过的血量增加,从而更好的锻炼了参与者的心血管系统,提高了最大摄氧量与耐受乳酸的能力。

三、心肺适能干预处方

(一)运动频率

每周运动 3—5 次。

(二)运动强度

一般为 55%/65%—90%最大心率(HRmax)或 40%—85%最大吸氧量贮备或最大心率贮备(HRR)。体适能较低者,其强度可降低。

(三)运动持续时间 20—60 分钟持续或间歇(每次最少 10 分钟,全天累计达此值)有氧活动

运动时间取决于运动强度,因此,低强度活动每次必须超过较长的时间(30分钟以上),有训练的人在高强度水平训练时,至少需持续 20 分钟或更长。由于提高体适能的重要性和伴随较长的运动持续时间更易实现。亦由于高强度活动与潜藏着的危险问题和坚持有关,故建议凡不是为了参加运动竞赛训练的成年人应采用长时间中等强度的活动。

(四)运动方式

最好的运动是锻炼者所喜欢的并能长期有规律坚持的运动。但是,由于训练效果的专门性,参加什么样的训练就能提高什么样的能力。所以,如果要提高跑步能力,那就练习跑步,游泳和骑车根本不能提高跑步。反之也是如此。因为许多真正重要的变化只在训练中用到的肌肉中发生。

（五）如何执行运动处方

每次开始运动前进行准备活动以减少肌肉酸痛和受伤的危险。慢慢开始活动并伸展四肢,注意进行腰的伸展。肌肉酸痛会在运动初期出现,但很快就会消失,它只在你休息几个星期或开始一种新的活动时才会再次出现。按处方进行有氧运动计划,轻松慢跑、散步和伸展身体有助于降低体温,减少诸如乳酸之类的代谢副产品,并排出可引起心律不规则的激素。随着体适能的提高,处方要改变,需要更高的强度、持续时间和频率。

第三节　柔韧适能干预

柔韧适能从外部运动形式分为动力性柔韧和静力性柔韧。前者是指肌肉、肌腱、韧带根据动力性技术动作需要,拉伸到解剖学允许的最大限度的能力;而后者是指肌肉、肌腱、韧带根据静力性技术动作的需要,拉伸到动作所需要的位置角度,控制其停留一定时间所表现出来的能力。

柔韧适能从完成练习的表现分为主动柔韧性和被动柔韧性。主动柔韧性是人在主动运动中表现出来的柔韧素质水平。被动柔韧性则是在一定外力协助下完成或在外力作用下表现出来的柔韧水平。主动柔韧性不仅反映对抗肌的可伸展程度,而且也可反映主动肌的收缩力量。

一、影响因素

通常影响人体柔韧适能的因素主要有:骨结构,关节周围组织的体积;关节周围的韧带、肌腱、肌肉和皮肤的伸展性;肌肉黏滞性;关节周围的皮肤、皮下组织,神经过程转换的灵活性;外界环境温度;生物节律;年龄、性别等因素。

二、柔韧性适能练习遵循的原则

为提高身体的柔韧适能,提高运动能力,同时又要避免运动损伤的发生,确保安全,在进行柔韧适能训练时必须遵守以下原则。

（一）做好充分准备活动

可利用小跑步使体温逐渐增加,减少肌肉和肌腱的黏滞性,使肌肉与肌腱处在参赛的运动状态,这样可以提高柔韧练习的功效,也可以减少拉伤的概率。

（二）柔韧练习要与呼吸相配合

在练习过程中，应该配合动作幅度缓慢地做深呼吸；暂停呼吸、屏气用力等都会使动作僵硬，不协调，会加大拉伤的风险。

（三）运动前、后都要做拉伸运动

一般只注重运动前的拉伸练习，却忽视了运动后的拉伸练习。运动后的拉伸练习，由于采用物理性的伸拉、挤压作用，会使组织细胞内的物质代谢和能量交换的速度加快，对恢复运动疲劳和增加运动肌肉的弹性和伸展性有较好的效果。

（四）拉伸的动作要缓慢而温和

千万不可猛压或急压，拉伸的目的是在利用肌肉、肌腱的弹性及延伸性，刺激肌梭神经及肌腱感受小体的神经信息，而逐渐地增加伸展的潜力及忍受力。无论是动态适能练习还是静态适能练习（连续 30 秒以上），只要是缓和的，都有成效；最忌讳的是拉压不到位，或猛烈地急压，或外力施加。

（五）替换拉伸不同部位的肌群

一个动作的完成是需要一组或一群肌肉的参与，由于肌肉解剖位置的不同，其拉伸动作也不相同。除了协同肌，方向作用相反的颉颃肌也必须对等地拉伸，以避免颉颃肌拉伤。

（六）拉伸幅度要适度

在做拉伸练习时，有"张力感"或"酸胀感"是正常的。但当肌肉感觉非常"痛"时，要警惕损伤的发生。

三、柔韧性适能练习

根据运动科学理论，具有可变性而且又能使关节活动范围增大的是关节周围肌群的延展性。因此，提高柔韧性的主要方法是做牵拉练习，牵拉练习可分为两种，一种是动力性牵拉，动力性牵拉主要是节奏较快、并多次重复同一动作的练习，如连续踢腿、摆腿等。动力性练习可以提高关节在运动中的活动幅度，以适应专项体育活动的需要。另一种则是静力性牵拉，静力性牵拉主要是一些缓慢的牵拉练习，如静力压腿等，静力性牵拉比较安全，一般不容易出现运动损伤，在提高柔韧性练习时，最好两种方法相结合使用。

同时在这两种牵拉方式中又分主动牵拉和被动牵拉，主动牵拉是一种不依靠外力而通过肌肉的主动收缩来增加关节灵活性的锻炼方法，如站立体前屈等。被动牵拉是指在外力帮助下使肌肉、韧带得到拉长的练习方法，如教练员帮助运动员压腿等。

主动动力性练习，采用重复一次或多次的摆动和固定负重，负重和不负重等练习形式，如前踢腿等。

主动静力性练习，即依靠自身肌肉力量在达到动作最大幅度的情况下，保持静止姿势的练习形式，如双杠上直角支撑等。

被动静力性练习，借助外力保持固定姿势。如靠助力保持体前屈的最大幅度，一般柔韧性练习大多采用此种练习。通常，发展上肢柔韧性的练习可做拉肩、压肩、转肩、扩胸等练习，目的是发展肩、肘关节的柔韧性。下肢柔韧性练习可采用正压腿、弓步压腿、仆步压腿、踢腿、摆腿、纵劈叉、横劈叉等练习方法，来发展髋、膝、踝关节周围肌肉和韧带的柔韧性。腰部柔韧性采用体前屈、体转、体侧屈、体后屈等练习方法，来发展腰部关节肌肉和韧带的柔韧性。

四、发展柔韧性适能练习注意事项

掌握柔韧素质发展的最佳程度，不必达到最大程度；

处理好柔韧素质与力量素质的关系，强调肌肉的弹性，保持肌肉的收缩力量；

贯彻循序渐进的原则，协调好拉伸力量的强度、重复次数、练习时间等有关因素的关系，不可用力过猛；

运用动力性牵拉与静力性牵拉相结合的方法；

柔韧性练习要坚持不懈，经常进行；

注意柔韧性与温度、时间以及和疲劳的关系。

第四节　肌肉适能干预

肌肉适能主要是指肌肉力量与肌肉耐力。肌肉力量是指肌肉对抗某种阻力时所发出的力量，一般而言是指肌肉在一次收缩时所能产生的最大力量。肌肉耐力是指肌肉维持使用某种肌力时，能持续用力的时间或反复次数。保持良好的肌力和肌耐力对于促进健康、预防伤病与提高工作效率有很大的帮助，当肌力和肌耐力衰退时，肌肉本身往往无法胜任日常活动及紧张的工作负荷，容易产生肌肉疲劳及疼痛现象。

一、肌肉适能训练遵循的原则

(一)超负荷原则

超负荷(overload)不是指超过本人的最大负荷能力,而是指肌肉适能训练的负荷应超越平时采用的负荷,其中包括负荷强度、负荷量和力量训练的频率。

超负荷可以根据肌肉适能训练目的的不同进一步分为 3 种类型:阈下负荷、保持性负荷和刺激性负荷。

阈下负荷是指位于训练者适应水平以下的负荷,它对训练者的神经—肌肉系统已经不产生刺激作用;保持性负荷是指正好位于神经—肌肉适应水平的负荷,它只能维持肌肉适能水平,而不能产生有效的刺激;刺激性负荷是指高于神经—肌肉适应水平的负荷,它可以造成肌肉的疲劳,使其在高水平上形成新的适应。

(二)特异性原则

力量训练的特异性(specificity)或者专门化是指被训练肌肉对不同代谢性质、收缩类型和练习模式的力量训练会产生一种特定反应或适应的生理学现象,它是影响肌肉适能训练效果的一个重要因素。

肌肉适能训练过程中的肌肉活动形式和代谢特点与所从事的运动专项特点不一致,对神经系统协调能力以及局部肌肉生理、生化特征的影响也不同。因此,发展肌肉力量的抗阻练习,应包括直接用来完成某一技术动作的全部肌群,并尽可能使肌肉活动的类型、能量代谢类型、肌肉收缩速度、力量练习的动作结构以及时间—动作关系与专项力量和专项技术的要求相一致。

(三)安排练习原则

发展肌肉适能的抗阻训练是由多种力量练习组成的,而练习的顺序可以直接影响训练的效果。一般情况下,在一次力量训练课当中,大肌群训练在先,小肌群训练在后,原因是小肌群在力量训练中较大肌群容易疲劳,会在一定程度上影响其他肌群乃至身体整体工作能力;多关节运动在前,单关节运动在后;此外,在训练单一肌群时,大强度练习在前,小强度练习在后。

二、增强肌肉适能的方法

(一)肌肉适能训练方法

增强肌肉适能的运动主要是指一些旨在提高肌肉力量和耐力而使用哑铃、

杠铃等力量训练器械或者徒手进行的各种练习,这些练习可以刺激人体的神经肌肉系统,使其在结构和功能上产生适应性变化,从而达到增强肌肉适能的目的。常用的方法有等长力量训练法、向心等张力量训练法、离心力量训练法、等速力量训练法、超等长力量训练法五种。

1. 等长力量训练法:肌肉收缩而长度不变的对抗阻力的力量训练方法叫做等长力量训练法(或静力训练法)。其优点是肌肉能够承受的运动负荷重量较大,因此是发展最大肌肉力量的常用方法。等长练习时神经细胞长时间保持兴奋,有助于提高神经细胞的工作能力;等长练习时肌肉对血管的压力增大,影响肌肉的血液和氧气供应,从而对肌肉无氧代谢能力的提高、肌红蛋白含量的增加和肌肉毛细血管的增生等均有良好的影响。但等长练习时肌肉缺乏收缩和放松的协调,练习也相对枯燥无味。有研究表明,等长力量训练的效果具有明显的"关节角度效应",即等长力量训练的效果仅局限于受训练的关节角度。因此,等长力量训练应根据个人的特点,确定合理的关节训练角度,以确保训练的效果。

2. 向心等张力量训练法:肌肉进行收缩和放松交替进行的力量练习方法叫做向心等张力量训练法(或动力训练法)。负重蹲起、负重提踵、卧推、挺举等均属于此类,其优点是肌肉运动形式与多数竞技运动项目的运动特点相一致。因此,力量训练能有效地提高运动成绩;此外,在增长力量的同时还可以提高神经肌肉的协调性。向心等张力量训练法的训练效果主要取决于训练负荷强度、重复次数和动作速度等因素。一般情况下,如果力量训练的目的是发展力量耐力,应采用低强度、高重复次数的训练;如果力量训练的目的是发展最大肌力,应采用高强度、低重复次数的训练。

3. 离心力量训练法:肌肉收缩产生张力的同时被拉长的力量训练方法叫做离心力量训练法(属于动态力量的训练),肌肉在负重条件下被拉长的动作均属于此类。研究发现,肌肉在进行离心收缩时所产生的最大离心张力比最大向心张力大30%左右。因此,该力量训练方法能够对肌肉产生更大的刺激,从而更有利于发展肌肉横断面积和肌肉力量。离心力量训练法的不足之处是训练后引起肌肉疼痛的程度较其他方法明显,原因可能是离心收缩容易引起肌肉结缔组织损伤所致。

4. 等速力量训练法:等速力量训练又叫等动力量训练,它是一种利用专门的等速力量训练器进行的肌肉力量和耐力训练方法。进行等速力量和耐力训练时,等速力量训练器所产生的阻力是与用力的大小相适应的,只要练习者尽最大的力量运动,肢体的运动速度在整个运动范围内都是恒定的,而在此活动范围内的各个角度上,只要练习者尽全力运动,产生的肌肉张力也是最大的。因此,等速力量训练法事实上是一种可以使肌肉在整个活动过程中呈"满负荷"工作的力量训练方法。目前研究认为,等速力量训练法是发展动态肌肉力量最好的训练方法之一。

5. 超等长力量训练法:肌肉在离心收缩之后紧接着进行向心收缩的力量训练方法叫做超等长力量训练法。运动训练中常用的多级跳和"跳深"等练习都属于此类方法。目前,超等长力量训练法主要用于爆发力的训练,其生理学依据是肌肉在离心收缩后紧接着进行向心收缩时,可借助肌肉牵张反射机制和肌肉弹性回缩产生更大的力量。

(二)肌肉适能干预运动处方示例

频率:每周 2—3 次,许多研究都支持增进成年人肌肉适能抗阻训练频率为 1 周 2—3 次(隔 1 天或隔 2 天一次)。每周 1—2 天的训练可使躯干肌的力量获得最合适的增加,每周 3 天的训练可用于身体其他区域的肌肉。

强度:一组 8—10 种改善主要肌群的练习。如果时间允许,多组练习计划可提供更大的好处,每次练习须完成 8—12 次重复,负荷强度见表 3-2。

表 3-2　用于肌肉适能训练的抗阻负荷强度

	强度					
	很轻	轻	中等	重	很重	最大
最大随意用力(%)	<30	30—49	50—69	70—84	≥ 85	100

练习方式:静力性(等长)训练和动力性(等张或等动)都可以发展肌肉力量和耐力。虽然每一种训练形式都有自己的益处和限制,但对于健康成年人,一般推荐动力性抗阻训练作为其最好的活动方式。一般人的抗阻训练必须是有节奏的,用中速或慢速在整个关节运动范围内完成。在举重动作中,要保持正常的呼吸模式,沉重的阻力训练可能引起收缩压和舒张压急剧上升,特别是在憋气时。一组练习最少要包括 8—10 种主要肌群的练习,主要肌群指臂部、肩带、胸、腹、背、髋和腿等部位。为什么要这样设计呢?因为训练对身体受训练的部位的效果具有专门性。例如,腿的训练对臂部、肩部和躯干肌有小的效应或无效。

重复次数:高负荷(最大或接近最大用力)和低重复次数的训练可使力量得到有效地增进,而低负荷和高重复次数多的训练可使肌肉耐力获得良好的发展。

在某种程度上,肌肉力量和耐力在每一情况下都发展。但是,每一负荷方案更有利于一种专门的神经肌肉类型。因此为了能引起肌肉力量和耐力两者的增进,建议设每组 8—12 次重复。

组数:每次训练课究竟要完成多少组数呢?这与每次训练课需要的时间有重要关系,有专案认为每次负重抗阻训练课应在 50 分钟内完成 2 组练习,单一组练习时间为 20 分钟。虽然其他专家提出:增大训练频率和加多组数或组数与重复次数的配合可引致力量更大的增进,但增进的差别在成年体适能组通常很小。

（三）训练指南

较轻松地开始训练,开始训练时,使用的负荷要较轻,组数也要较少;举重时不要憋气,因为这会造成血压和心脏的负担急剧上升,它也限制血流回流到心脏,憋气还会造成腹压增大,形成疝气;举起重物时要呼气,放下重物时要吸气;在训练中,应交替训练主要肌群;在一次训练课中,各组训练之间应留有足够的休息时间;训练前要做好充分的准备活动,准备活动中要包括伸展活动,训练后,要做好包括伸展活动在内的整理活动。

第四章
健康体适能常用干预手段

本章主要介绍健康体适能的常用干预手段,包括准备活动与放松活动的干预手段、肌肉适能的干预手段、柔韧适能的干预手段以及心肺适能的干预手段。这些干预手段基本不依靠器械,可以避免人多而导致的练习器械不足的问题。

第一节　准备与放松常用手段

一、向前大步跑

动作要领:距离 30—50 米,摆臂大步向前跑。
注意事项:跑到终点后慢跑回来继续下一组。
动作示范:(略)。

二、向后大步跑

动作要领:距离 30—50 米,摆臂大步向后跑,向后跑时眼睛不能向后看,跑到终点后慢跑回来继续下一组。
动作示范:见图 4-1。

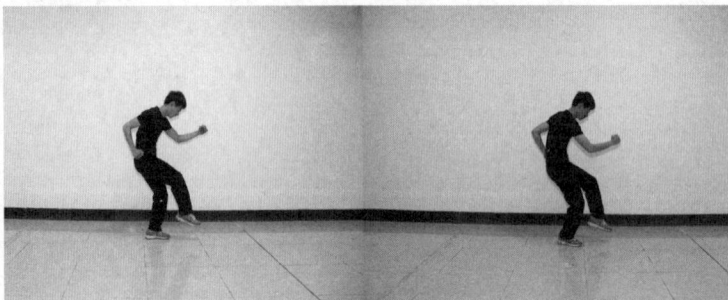

图 4-1　向后大步跑

三、侧滑步

动作要领:双手打开放在体侧,膝关节弯曲,滑步 20—30 米跑回起点重复练习。

动作示范:见图 4-2。

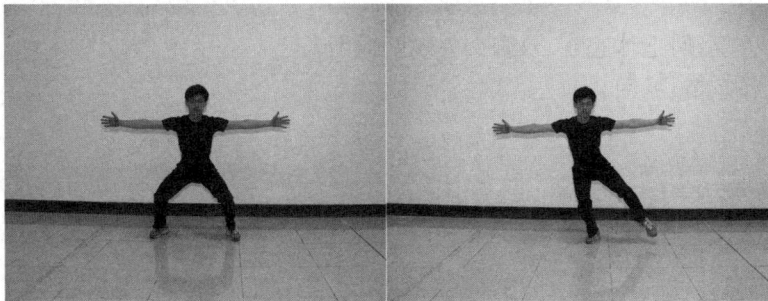

图 4-2 侧滑步

四、侧滑步 180°转体

动作要领:膝关节弯曲成半蹲姿势,向一侧滑两步后转体继续滑两步转体,交替进行。

动作示范:(略)。

五、原地向上跳跃

动作要领:原地向上跳跃多次,跳跃完成时膝关节伸直。

动作示范:见图 4-3。

图 4-3 原地向上跳跃

六、行进间高抬腿与后踢腿组合

动作要领：向前高抬腿两个再接后踢腿两个，交替进行。
动作示范：（略）。

七、行进间换步跳

动作要领：上体直立，双脚交替跳跃向前。
动作示范：见图 4-4。

图 4-4　行进间换步跳

八、行进间跳跃摆臂

动作要领：身体放松，向前跳跃摆臂，双手同时向上抬起，抬腿时大腿放平。
动作示范：见图 4-5。

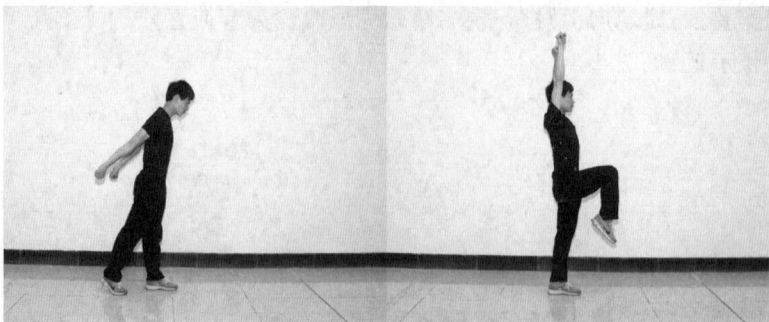

图 4-5　行进间跳跃摆臂

九、行进间提膝绕胯(向后)

动作要领:向后撤步单脚支撑膝盖外展。
动作示范:见图 4-6。

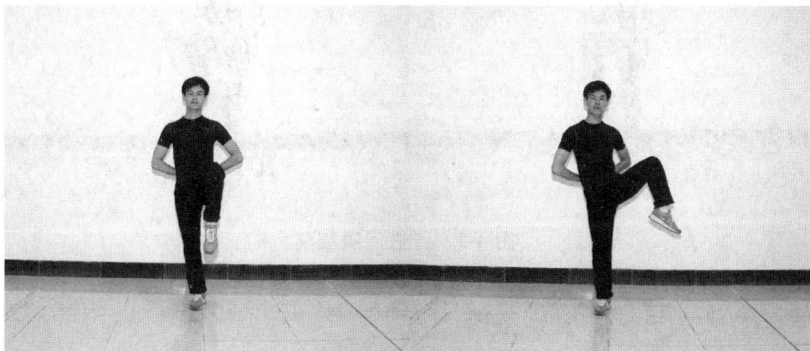

图 4-6　行进间提膝绕胯(向后)

十、行进间跳跃踢腿

动作要领:向前移动跳跃抬脚,用一侧手摸到另外一只脚尖。
动作示范:见图 4-7。

图 4-7　行进间跳跃踢腿

十一、行进间吸腿跳

动作要领:向前移动跳跃,提膝摆臂,支撑腿脚前掌用力向下压。

动作示范：见图 4-8。

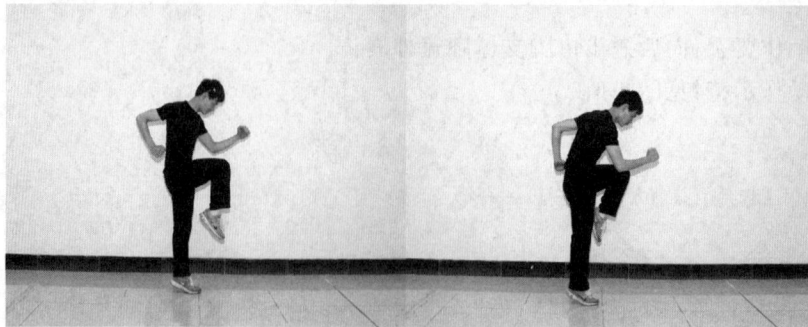

图 4-8　行进间吸腿跳

十二、双人手拉手单脚半蹲

动作要领：双人单脚半蹲成马步姿势手拉手支撑，半蹲时膝盖不能超过脚尖。

动作示范：（略）。

十三、行进间燕式平衡

动作要领：向前燕式平衡前进，两脚交替进行，单脚支撑时膝盖、脚尖、下巴一条线。

动作示范：见图 4-9。

图 4-9　行进间燕式平衡

十四、提膝展髋与半蹲结合

动作要领:双手抱头直立,先向一侧做提膝展髋后半蹲成马步姿势,然后将腿收回直立站好,再向另外一侧做同样动作。

动作示范:见图 4-10。

图 4-10　提膝展髋与半蹲结合

十五、双脚左右跳

动作要领:以场地上某一条线为标志,脚与线平行,脚前掌着地两侧跳跃,32次一组,跳两组。

动作示范:见图 4-11。

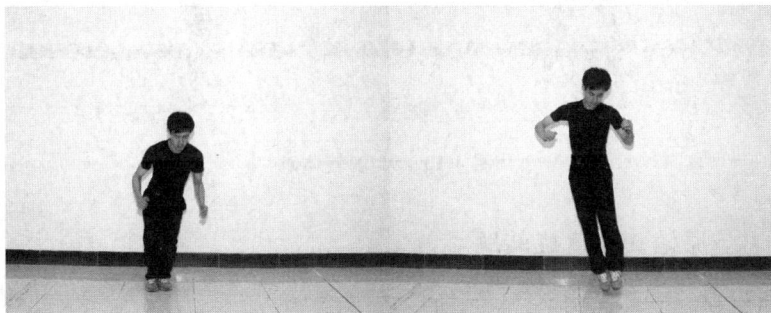

图 4-11　双腿左右跳

十六、单脚左右跳

动作要领:以场地上某一条线为标志,脚与线平行,单脚脚前掌着地两侧跳跃。

动作示范:见图 4-12。

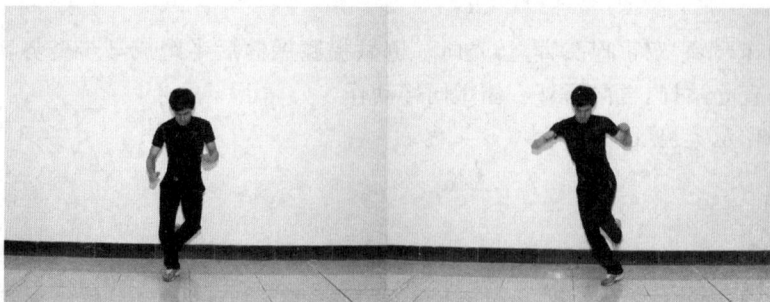

图 4-12 单腿左右跳

十七、90 度转体跳

动作要领:双脚和线平行,向一侧转体跳跃后变成双脚与线垂直姿势,再回到平行位置,32 次一组,做完再换另外一侧。

动作示范:见图 4-13。

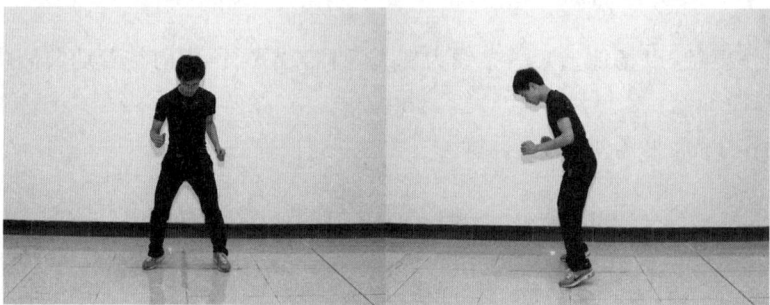

图 4-13 90 度转体跳

十八、原地 360 度旋转跳

动作要领:原地跳起旋转 360 度。

动作示范:(略)。

十九、单脚支撑 180 度转体跳

动作要领:单脚支撑面向前方,跳起旋转面向后方,跳起旋转落地时需要脚站稳不能出现移动现象。

动作示范：(略)。

二十、转髋跳

动作要领：左右转髋跳，向左转髋时，左腿脚后跟着地，脚尖外展，右脚脚前掌着地，腿尖内扣；向右转髋时，右脚脚后跟着地，脚尖外展，左脚脚前掌着地，脚尖内扣。

动作示范：见图 4-14。

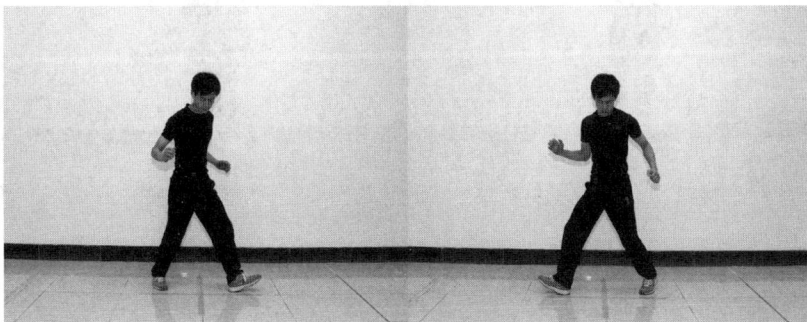

图 4-14　转髋跳

二十一、双腿前后跳

动作要领：以场地上某一条线为标志，脚与线垂直，脚前掌着地前后跳，32次一组，跳两组。

动作示范：见图 4-15。

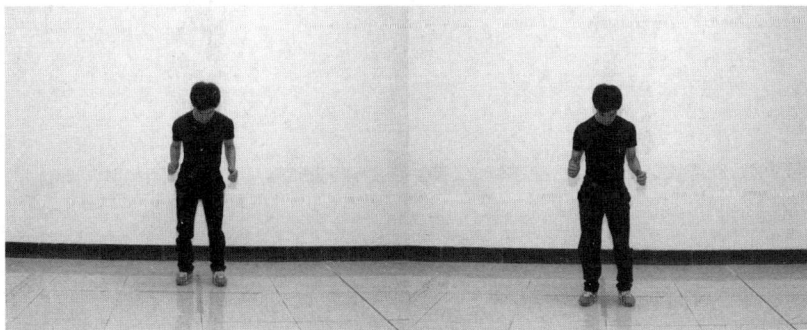

图 4-15　双脚前后跳

二十二、单脚前后跳

动作要领：以场地上某一条线为标志，单脚与线垂直，脚前掌着地前后跳跃，32 次一组，跳两组。

动作示范：见图 4-16。

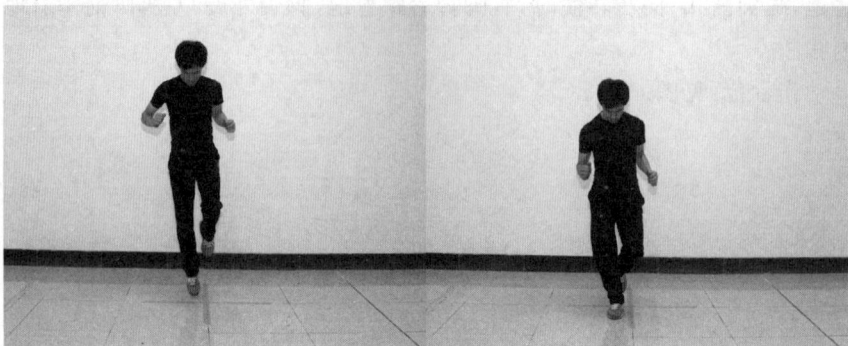

图 4-16　单脚前后跳

二十三、原地换步跳

动作要领：以场地上某一条线为标志，脚与线垂直，两脚前后跳跃，32 次一组，跳两组。

动作示范：见图 4-17。

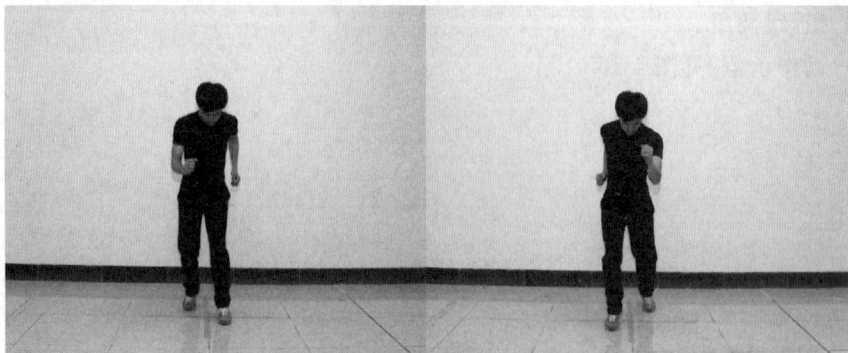

图 4-17　原地换步跳

二十四、鹰式蹲起

动作要领:蹲下双手触地,直立起来时膝关节伸直同时手指不能离开地面。

动作示范:见图 4-18。

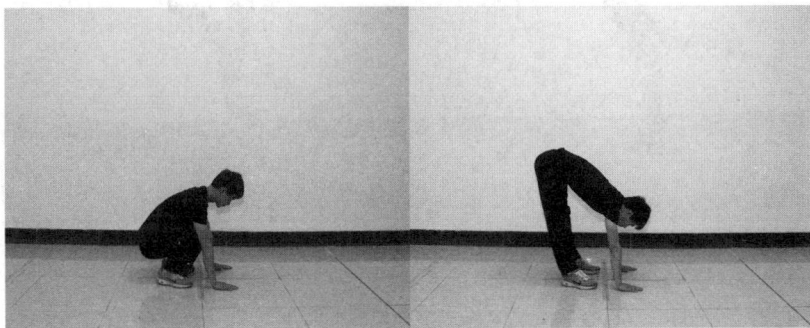

图 4-18　鹰式蹲起

二十五、扶墙左右摆腿

动作要领:双手扶墙或者同伴后背,髋关节放松,腿膝关节伸直左右摆动,尽量摆高。

动作示范:见图 4-19。

图 4-19　扶墙左右摆腿

二十六、单手扶墙前后摆腿

动作要领:单手扶墙或者同伴身体,前后摆腿。

动作示范:见图 4-20。

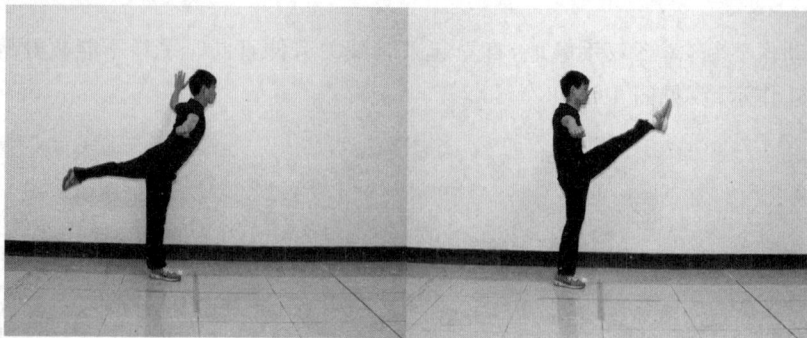

图 4-20　单手扶墙前后摆腿

二十七、双手扶墙摆腿展髋

动作要领:双手扶墙或同伴手,用力摆腿展髋。

动作示范:见图 4-21。

图 4-21　双手扶墙摆腿展髋

二十八、半蹲式起动加速跑

动作要领:双脚分开与肩同宽,膝关节弯曲成半蹲姿势,听到哨音后马上跑出去,到终点慢跑回起点继续。

动作示范:见图 4-22。

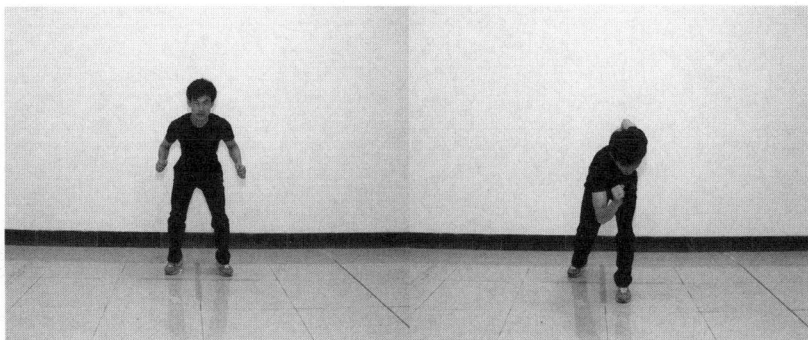

图 4-22 半蹲式起动加速跑

二十九、三点触地式起动加速跑

动作要领：双脚和一手触地，听到哨音后马上跑出去，到终点慢跑回起点继续。

动作示范：见图 4-23。

图 4-23 三点触地式起动加速跑

三十、俯卧撑姿势起动加速跑

动作要领：成俯卧撑姿势，听到哨音后马上跑出去，到终点慢跑回起点继续。

动作示范：见图 4-24。

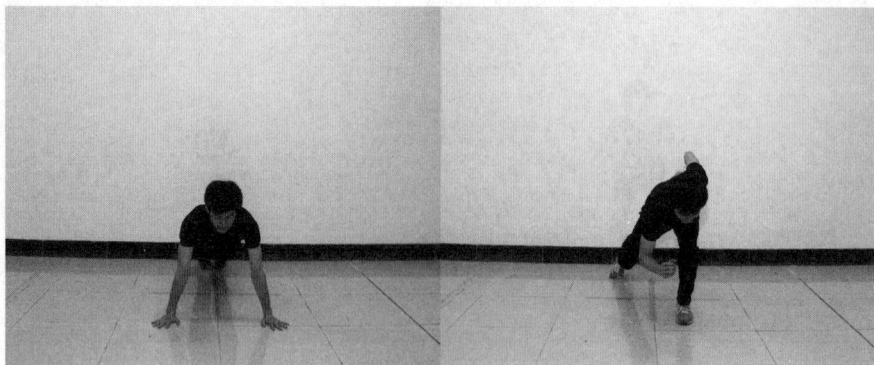

图 4-24　俯卧撑姿势起动加速跑

三十一、俯卧撑姿势(背向)起动加速跑

动作要领:成俯卧撑姿势,脚指向要跑方向,听到哨音爬起加速跑。
动作示范:见图 4-25。

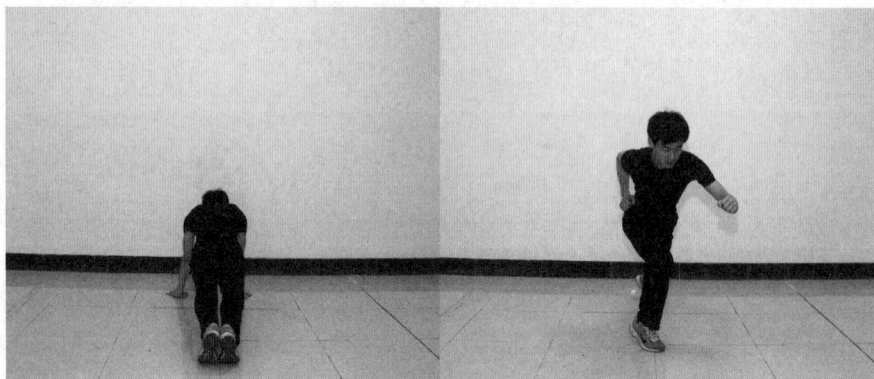

图 4-25　俯卧撑姿势(背向)起动加速跑

三十二、坐地起动加速跑

动作要领:坐或躺在地上,听到哨音爬起加速跑。
动作示范:见图 4-26。

图 4-26 坐地起动加速跑

三十三、坐式(背向)起动加速跑

动作要领:坐或躺在地上,背向前进方向听到哨音爬起加速跑。
动作示范:见图 4-27。

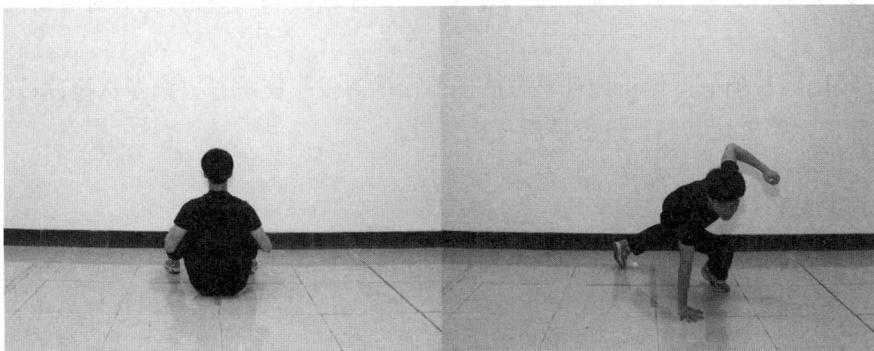

图 4-27 坐式(背向)起动加速跑

三十四、仰卧支撑姿势起动加速跑

动作要领:成仰卧支撑姿势,听到哨音时收回双腿,向前加速跑。
动作示范:(略)。

第二节　心肺适能干预常用手段

一、校园趣味定向跑

要领:将学生分成若干组,上课前预先在校园找 5—7 个标志景点拍照,将照片打印出分给学生,打印黑白色就可以,每组一份,要求每组学生同时到达景点并按照所给照片角度拍照,花时间最少的获胜,注意每组同学所选择的标志景点照片不同,以防止另外一组学生跟跑现象发生。

二、夺取大本营

要领:将全体学生分成人数相等的甲、乙两队,场地为足球场罚球区,两队学生各以一侧罚球区线与球门线的相交点为起点,呈一路纵队站在球门线外,每队先派一名学生沿罚球区线向对方跑,两人相遇时通过石头、剪子、布决定谁继续前进,如果猜拳输了则立刻呼喊本队下一位同学沿线跑动阻击,先到对方队前的获胜。

注意:任何一队学生跑到对方队伍前面的时候不能跳过去或者直接冲过去,教师应该鸣哨让其停止进行最后一次猜拳。

三、网球练习

要领:网球 100 个,学生站在网球底线中间位置,教师站在对面场地网前,教师用球拍给学生送球,学生用侧滑步或者交叉步移动去将球用手接住,接好后用力将球扔过球网,然后再回到底线中间位置,教师根据学生反应安排练习球数量。

四、网球场折返跑

要领:2—3 块网球场,学生先在一块场地沿双打边线做 4 个来回折返跑,完成后跑到另外一块场地继续做 4 个来回折返跑。

五、贴膏药

要领:选 4 个人出来,2 个当逃者,另 2 个当追者,其余的学生两人一组前后站立站成一个圆形,游戏开始,追者追拍逃者,逃者可以在圆形队内外逃跑。跑累了可以停在任何一组学生的前面。此时,原来一组学生后面的人变成逃者,赶快跑开。如果追者追拍到逃者,则调换角色,游戏继续进行。

注意:当追者长时间追不到逃者时,教师鸣哨让他们瞬间转变角色,当逃者停在一组学生前面时,该组最后面的学生变成逃者,但其不能逃到隔壁的一组同学处站住,必须间隔一组。

六、校园毅行

要领:在校园内选择一条固定路线,让学生背上包用最短的时间从规定路线到终点。

七、组合跳练习 1

要领:先进行 32 次双脚并拢的前后跳跃,再进行前后交叉步 32 次,左右跳跃 32 次,开合 32 次,开合交叉 32 次。

八、组合跳练习 2

要领:前—右转腰 32 次,前—左转腰 32 次,原地跳跃旋转一圈,原地收腹跳 10 次。

九、手球竞赛

要领:篮球或排球一个,学生分成人数相等的两组,在场地上用书包或书建成一个 2 米宽的球门,守门员一人,其他人拿球后可以通过运球、传球、三步传球将球给同伴,进球必须低于守门员腰部以下。

十、找伙伴

要领:将全体学生分成两组,相互手拉手圈成内外两个圆圈,外圈组必须比内圈组多一人。

游戏开始,老师喊跑步时,两组即朝相反的方向跑动。跑上几圈之后,老师哨音一响,马上立定,外圈人要立即抓住内圈人中的一个成为一对好伙伴,没有找到伙伴的人为失误,给大家唱一支歌或者俯卧撑男 20 个、女 10 个。

注意:跑的时间不宜太长,内、外圈人每隔几次后可以相互调换。

十一、赛龙船与救伤员

要领:将参加游戏的学生分成人数相等的两队(或四队),排成单行纵队站于起点线上。各队选一名队长当排头指挥,其余的人从排尾开始依次分别抬起右腿,由前面的人依次用右手拉住,另一只手搭在前一人的肩上,组成一条龙船。老师发令后,各队由队长指挥用单脚跳的方法,按节拍前进,到前方折返点时换成左脚,看哪队齐心合力,首先达到终点线即为优胜。龙船不得在途中散架,散了应马上重新组好才能继续前进。

注意:到前面折返点换脚时必须要求先前的出发顺序不能变,到终点时以最后一个人通过为准。到起点后需要背起另外一个学生跑向终点,到终点换人再背回来,最后一个通过终点学生所在队伍失败,背人时被背人者双脚不能离开地面。

十二、800 米循环跑竞赛

要领:学生分成人数相等的两路纵队,围绕跑道匀速跑动,后面学生往前面跑,到了排头,做排头,接着最后一个开始启动。进行 10 次循环,最先到终点且完成 10 次循环的获胜。

十三、单人与多人跳绳

要领:一分钟跳绳,累计个数,中间停了可以叠加。

十四、寻字或名游戏

要领:校园地图若干张,在校园某一个区域找一个宣传口号或某位名人写的口号,可以让学生去将这句口号是谁说的或名人写的口号抄回来,花时间最短,对得最多的获胜,注意不同队之间寻找位置不同。

十五、夺宝奇兵

要领:将学生分组,游戏在一个特定的区域范围内进行,让学生去寻找一个人,在开始比赛的时候,教师给所有学生描述这个人的特征,穿什么衣服等具有明显标志性的特点,学生的任务是找到这个人拿到藏宝图,找到最多宝贝的队伍获胜。藏宝图有若干张,教师在上课前先安排好看护藏宝图的人,让此人隐藏在某个区域或者藏在很多人中,找到藏宝图的学生不得向其他队伍泄密。

十六、扇形折返跑

要领:站在位置 1,从 1 跑到 2 并碰到桩,然后折返到 1 碰桩,再从 1 跑至 3,然后跑回到 1 碰桩,如此依次进行;用最快的时间触摸到 8 个桩。

动作示范:见图 4-28。

图 4-28　扇形折返跑

十七、后退跑—转身向前跑—后退跑—转身向前跑组合循环练习

要领:4 个标志物 1、2、3、4,每个之间间隔 20 米,1—2 后退跑,到 2 后快速转身变成向前加速跑,到 3 后快速转身变成后退跑,跑过 4 后到另外一侧继续进行和刚才同样的组合变化直到最开始的位置,重复 10 组。

十八、一分钟篮球运球与跑篮

要领:从一侧篮下底线,快速运球到另外一个篮架投篮,投中后再运球回到另外一侧投篮。

十九、向前快速跑桩(一步一桩)

要领:8—10 个桩,分成两排,每个间隔 60—80 厘米,膝关节弯曲成跑步姿势,用脚前掌着地快速向前跑动,每跑一步跨过一个桩,到头后再从另外一侧跑回继续进行。

动作示范:见图 4-29。

图 4-29　向前快速跑桩(一步一桩)

二十、向前快速跑桩(两步一桩)

要领:8—10 个桩,摆成一排,每个间隔 60—80 厘米,膝关节弯曲成跑步姿势,用脚前掌着地快速向前跑动,每跑两步跨过一桩;快速向前跑动,到头后再从另外一侧跑回继续进行。

动作示范:见图 4-30。

图 4-30　向前快速跑桩(两步一桩)

二十一、分腿、并腿跳

要领:8—10 个桩,摆成一排,每个间隔 60—80 厘米,在桩两侧分开腿,在中间闭合,到头后再从另外一侧跑回继续进行。

动作示范:见图 4-31。

图 4-31　分腿、并腿跳

二十二、行进间侧向高抬腿

要领:8—10 个桩,摆成一排,每个间隔 60—80 厘米,侧向面桩,侧高抬腿前进,到终点后跑回来继续进行下一组。

动作示范:见图 4-32。

图 4-32　行进间侧向高抬腿

二十三、斜向跨步跳

要领:8—10 个桩,摆成一排,每个间隔 60—80 厘米,双手背在后面,膝关节弯曲,双脚在桩中间跳过,在桩的侧面停住,注意停的时候一定要做到下巴和脚尖在一条线上。

动作示范:见图 4-33。

图 4-33 斜向跨步跳

二十四、吸腿跳

要领:8—10个桩,摆成一排,每个间隔60—80厘米,向前快速小跳垫步,大腿抬平向前,到头后再从另外一侧跑回继续进行。

动作示范:见图 4-34。

图 4-34 吸腿跳

二十五、单脚跳

要领:8—10个桩,摆成一排,每个间隔60—80厘米,向前单脚跳跃,到头后换脚再跳回来。

动作示范:见图 4-35。

图 4-35　单腿跳

二十六、小碎步绕桩跑

要领:8—10 个桩,摆成一排,每个间隔 60—80 厘米,在桩侧面小碎步调整 3 次跳到另外一侧继续,到头后回来。

动作示范,见图 4-36:

图 4-36　小碎步绕桩跑

二十七、变向和转向游戏

要领:学生成侧滑步姿势,听到口令后往一个方向侧滑步,听到变向口令时马上往相反方向继续滑步,听到转向口令时马上转身,前进方向不变。

二十八、跑台阶

动作要领:台阶若干,用最快的速度跑上去再快步下来,根据学生的体质情况确定重复次数。

二十九、冲刺跑与跑台阶

动作要领:出发位置离台阶有一定的距离,要求快速跑到台阶下再登上去,到顶后再快速跑下来到出发位置,根据学生体质安排重复次数。

第三节 肌肉力量适能常用干预手段

一、向前肩绕环

动作要领:肩关节放松,向前做绕肩回环动作。
变化:向前移动中绕环。
动作示范:见图 4-37。

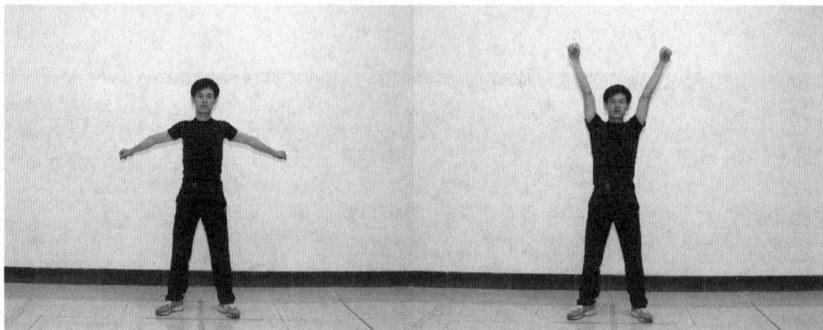

图 4-37　向前肩绕环

二、向后肩绕环

动作要领:肩关节放松,向右做绕肩回环动作。
变化 1:向前移动中绕环。
变化 2:移动中绕环。
动作示范:见图 4-38。

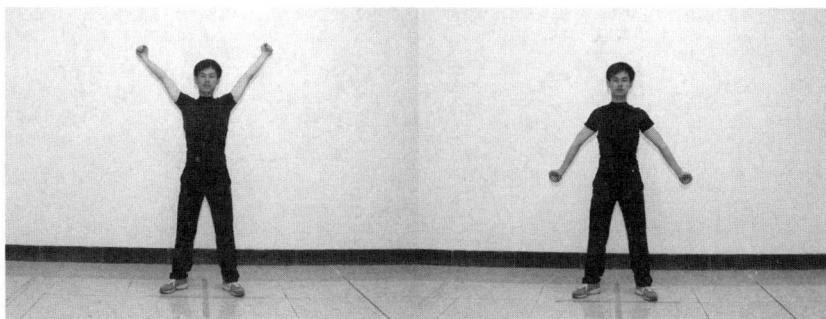

图 4-38　向后臂绕环

三、展胸抱臂

动作要领：双手抬平用力向后展胸，展开后再用力交叉拥抱，双手尽量靠近肩胛骨。

变化：向前小跳步展胸抱臂、侧滑步展胸抱臂。

动作示范：见图 4-39。

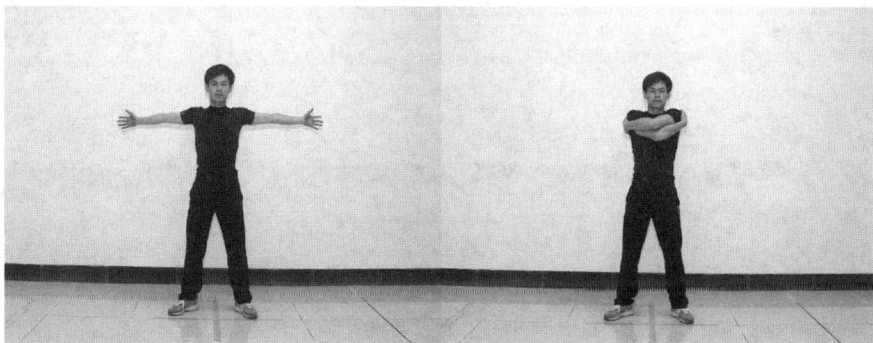

图 4-39　展胸抱臂

四、一前一后绕肩

动作要领：肩关节放松，一手向前、另外一手向后做绕肩回环动作。

变化 1：向前移动中绕环。

变化 2：移动中绕环。

动作示范：见图 4-40。

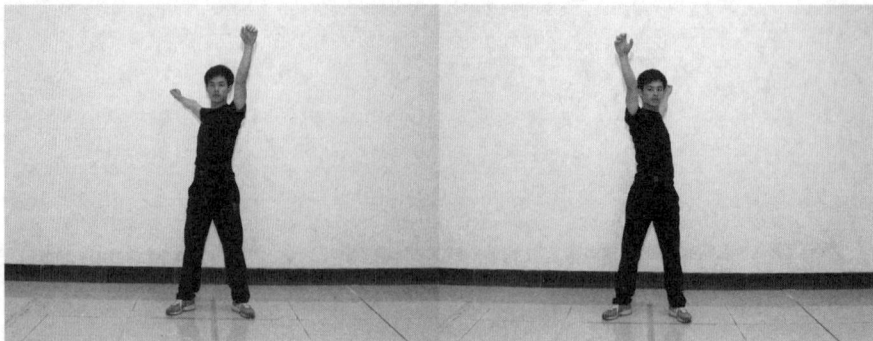

图 4-40 一前一后绕肩

五、俯卧单手支撑

动作要领：成俯卧撑姿势，用单手支撑一段时间后换另外一只手，重复练习。

动作示范：见图 4-41。

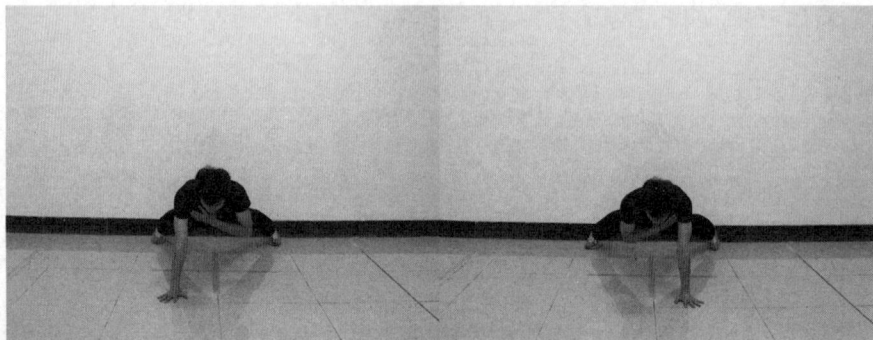

图 4-41 俯卧单手支撑

六、抱球盘腿起立

动作要领：双手抱球坐在地上然后起立，重复练习。

动作示范：见图 4-42。

图 4-42 抱球盘腿起立

七、单脚盘腿支撑

动作要领:靠墙半蹲姿势,抬起一条腿放在另外一条上面,注意支撑腿膝盖不能超过脚尖。

动作示范:见图 4-43。

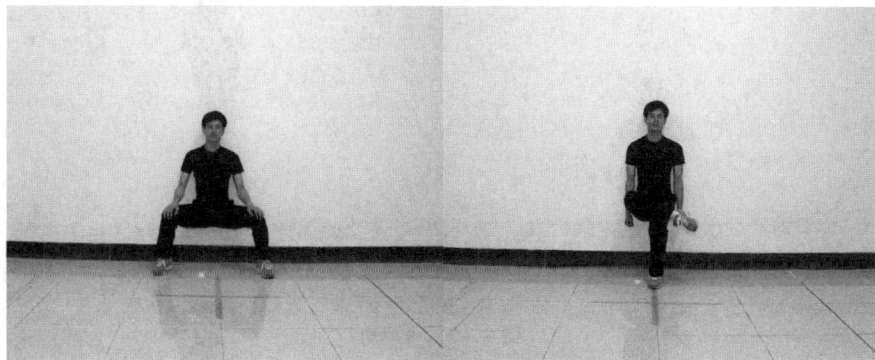

图 4-43 单脚盘腿支撑

八、交叉抱臂蹲起

动作要领:双手交叉抱臂放在胸前,双脚依次分开与肩宽、最大,并拢三种方法屈蹲起立,下蹲时膝盖不要超过脚尖。

动作示范:见图 4-44。

图 4-44　交叉抱臂蹲起

九、弓步跳

动作要领:双脚前后站立,通过手臂带动下肢脚前后跳跃做弓步。

动作示范:见图 4-45。

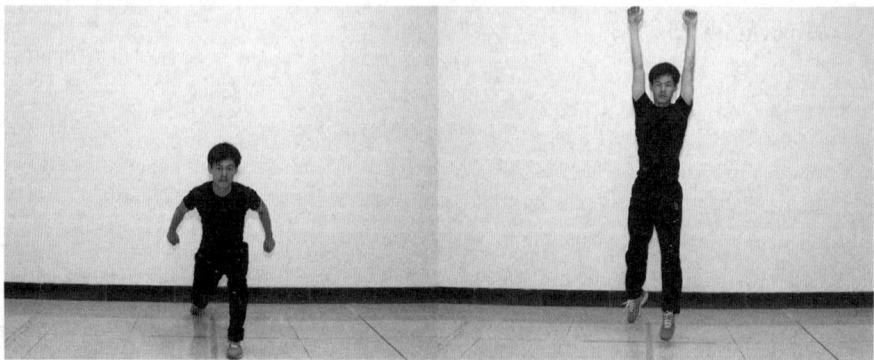

图 4-45　弓步跳

十、收腹举腿

动作要领:双手挂在单杠上,可以屈腿或直腿收腹。

动作示范:(略)。

十一、仰卧举腿

动作要领:双人配合,一人躺下用双手抓住同伴脚踝向上举腿,膝关节不能弯曲,脚尖接触到同伴手后放回,依次进行 20 次。

动作示范:(略)。

十二、仰卧举腿与控制

动作要领:双人配合,一人躺下用双手抓住同伴脚踝向上举腿,膝关节不能弯曲,脚尖接触到同伴手,同伴用力将腿推回,脚跟不能接触地面,然后再举起来依次进行 10 次。

动作示范:(略)。

十三、高翻

动作要领:双脚开立,略宽于肩,膝关节弯曲,弯腰双手执杠铃,然后蹬地挺髋,双手快速发力向上提拉杠铃,当杠铃提拉至胸前时,快速翻腕,执杠铃于肩上。

动作示范:(略)。

十四、后抛实心球

动作要领:双脚分开,膝关节弯曲,双手持球放在胯下,将球从下举过头顶后停住,再回到胯下,重复 5 次将球抛出去,注意手臂必须要伸直。

动作示范:(略)。

十五、前抛实心球

动作要领:双脚分开,双手持球放在胯下,将球从下举过头顶后停住,再回到胯下,重复 5—10 次将球抛出去,注意手臂必须要伸直。

动作示范:(略)。

十六、前掷实心球

动作要领:面对投掷方向,两脚前后开立,双手将球举至头的后上方,身体呈反弓形,然后两脚用力蹬地,收腹后,挥臂将球用力由头后向前上方掷出。

动作示范:(略)。

十七、侧抛实心球

动作要领:侧向站立,双手执球于腹前,先向身体一侧引球预摆,再向一侧摆臂发力,将球抛出。

动作示范:(略)。

十八、两人抛接实心球

动作要领:两人对面站立,间隔2米,用一手将球从下向上抛过去,对方尽量用一手接住,每10个球换手。

动作示范:(略)。

十九、两人地滚实心球

动作要领:两人对面站立,间隔10米,用一手将球从地上滚过去,滚球制动,同手同脚,要求滚过十米线,一手10次交换。

动作示范:(略)。

二十、弓步展腹

动作要领:向前弓步,手臂从双脚侧面抬起向后展开,弓步要大,支撑腿放平,脚尖朝前。

动作示范:见图4-46。

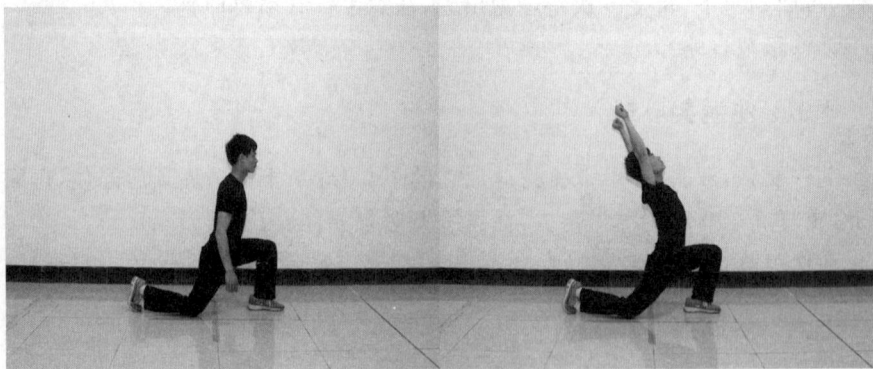

图4-46 弓步展腹

二十一、弓步侧身

动作要领：向前弓步，伸开双臂平放，下肢成弓步后一手在上、一手在下向支撑腿方向侧身。

动作示范：见图 4-47。

图 4-47　弓步侧身

二十二、弓步转体

动作要领：向前弓步，双臂放在体前，向支撑腿侧转体后再回到正面。

动作示范：见图 4-48。

图 4-48　弓步转体

二十三、弓步单手支撑转体

动作要领：向前弓步，双臂放在支撑腿侧面；抬起和支撑腿同侧手臂向上打开，眼睛看前上方，完成后双手回位，站立后换另外一条腿。

动作示范：见图 4-49。

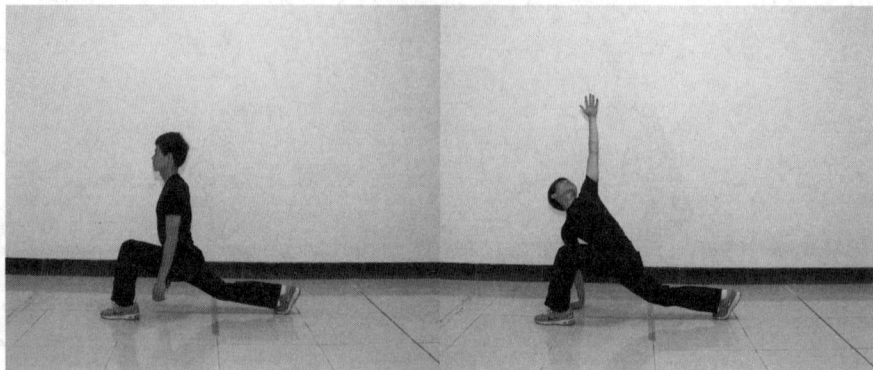

图 4-49　弓步单手支撑转体

二十四、鸭子步

动作要领：双手抱头，肘关节放平向后伸展，膝关节弯曲向前移动，前面支撑脚膝关节弯曲成弓步压腿姿势。

动作示范：见图 4-50。

图 4-50　鸭子步

二十五、左右跳跃

动作要领：双手抱头，左右两侧跳跃，膝关节不能弯曲。

动作示范：见图 4-51。

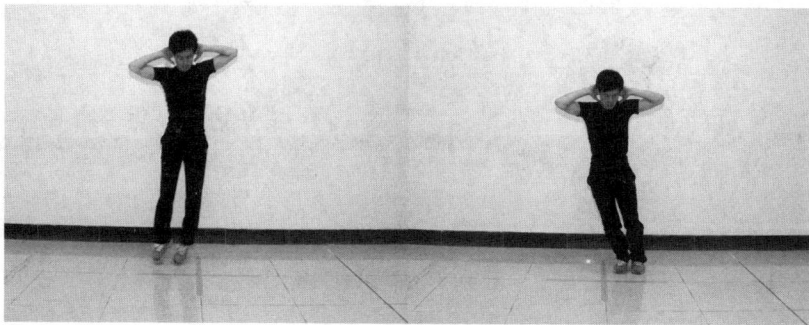

图 4-51　左右跳跃

二十六、单腿支撑蹲起

动作要领：单手扶墙或双人配合练习，抬起一条腿伸直，慢慢蹲下再起来站直，循环换腿练习。

动作示范：见图 4-52。

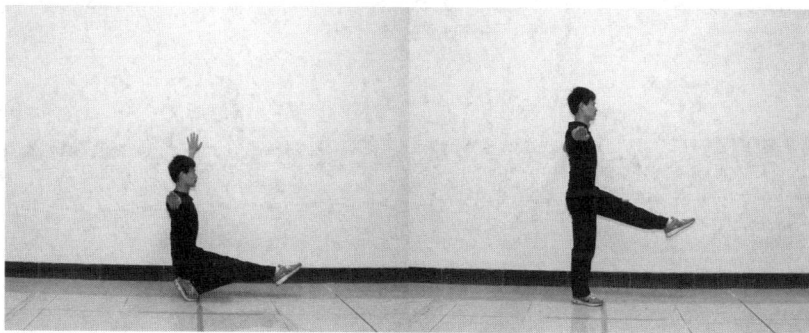

图 4-52　单腿支撑蹲起

二十七、加压俯卧撑

动作要领：一人俯卧撑，另外一人站在其身后用双手压在练习者肩膀上，当练习者俯卧抬起时适当加力练习。

　　动作示范：见图 4-53。

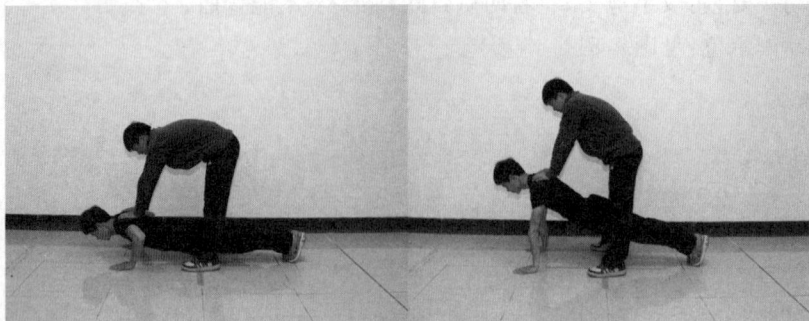

图 4-53　加压俯卧撑

二十八、屈膝悬腿抱臂仰卧起坐

　　动作要领：双手交叉放在体前，膝关节弯曲成 90 度姿势，用力起来保持膝关节姿势不变；重复多次练习。

　　动作示范：见图 4-54。

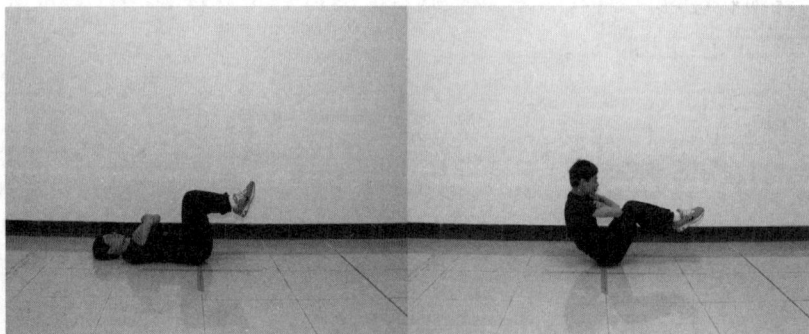

图 4-54　屈膝悬腿抱臂仰卧起坐

二十九、交替屈膝两头起

　　动作要领：双手放在头后，躺在地上成仰卧伸直腿姿势，用力收腹屈腿，用肘关节触碰到交叉侧膝关节。

　　动作示范：见图 4-55。

图 4-55　交替屈膝两头起

三十、背起

动作要领:俯卧在地上,抬起右手时左腿离开地面,左手时右腿离开地面,抬起时坚持一定时间循环交替进行。

动作示范:见图 4-56。

图 4-56　背起

三十一、仰卧交替举腿

动作要领:仰卧双腿伸直抬起,腿上下摆动,不能碰到地面。

动作示范:见图 4-57。

图 4-57　仰卧交替举腿

第四节　肌肉耐力适能常用干预手段

一、俯卧双手支撑分开与靠拢

动作要领：双手成俯卧撑姿势，双手分开到最大坚持一会，然后再收回到最小位置，重复练习。

动作示范：见图 4-58。

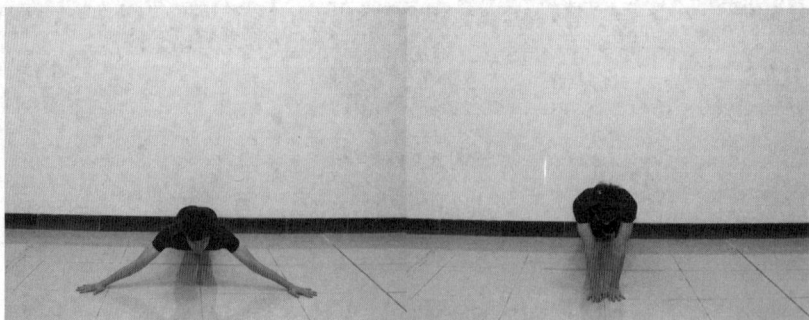

图 4-58　俯卧双手支撑分开与靠拢

二、俯卧直臂支撑与肘撑结合

动作要领：成俯卧撑姿势，腰部不得弯曲，屈肘用肘关节和前臂支撑身体，然后再回到俯卧撑姿势,再屈肘,连续重复练习。

动作示范:见图 4-59。

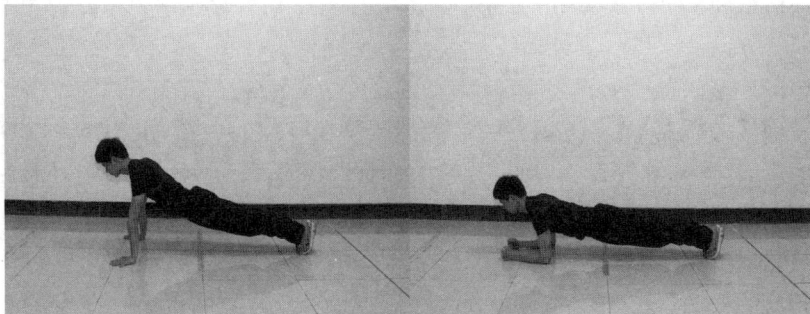

图 4-59 俯卧直臂支撑与肘撑结合

三、单肘支撑前举平衡

动作要领:成俯卧撑姿势,腰部不得弯曲,屈肘用肘关节和前臂支撑身体,向前抬起一只手用力向前伸,循环换手练习。

动作示范:见图 4-60。

图 4-60 单肘支撑前举平衡

四、单肘支撑上举平衡

动作要领:成俯卧撑姿势,腰部不得弯曲,屈肘用肘关节和前臂支撑身体,向一侧上方用力展胸重复练习。

动作示范:见图 4-61。

图 4-61　单肘支撑上举平衡

五、跳台阶

动作要领:双手背在身后,向上跳台阶,连续多次。

动作示范:(略)。

六、纵跳

动作要领:准备时,半蹲,双手放置于体侧,向上跳离地面时手臂上摆,落地屈膝缓冲。

动作示范:(略)。

七、提踵(抬脚后跟)

动作要领:找个台阶或一本书来垫脚,然后只把脚前掌放在上面,脚跟不得着地或垫着,用力向上抬脚后跟到最高点,再慢慢放下,完成一次,重复练习若干次。

动作示范:(略)。

八、踏跳台阶

动作要领:找张椅子或者台阶,把一只脚放上去呈 90 度,尽全力地跳开在空中换脚再放在椅子上或台阶上,重复练习。

动作示范:(略)。

九、直腿跳

动作要领:双脚放直与肩同宽,膝盖伸直不能弯曲,用小腿跳,只能弯曲你的脚踝,膝盖尽量不弯曲,到地时再迅速起跳,完成一次可用手帮助起跳。

动作示范:(略)。

十、提踵跳

动作要领:将脚后跟抬到最高点,用脚前掌快速起跳,跳时不得超过 1.5—2.5 厘米,如此重复跳跃多次。

动作示范:(略)。

十一、蹲跳

动作要领:站立,双手交叉抱于胸前,蹲下(半蹲)看前方,背直,抬起脚后跟,大腿需保持 90 度;向上跳起落地时,保持半蹲、背直、大腿 90 度姿势,完成一下。

动作示范:(略)。

十二、向前连续蛙跳

动作要领:半蹲姿势,快速向前进行蛙跳动作。

动作示范:(略)。

十三、蛇形侧向跳

动作要领:半蹲姿势,先向左侧斜前方侧跳,再向右斜前方侧跳。

动作示范:见图 4-62。

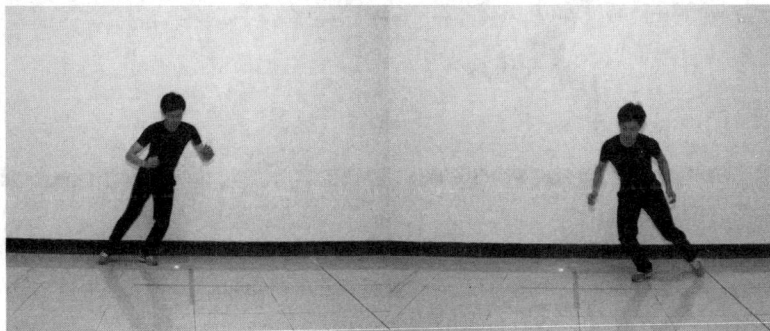

图 4-62　蛇形侧向跳

十四、侧向跨步跳

动作要领：侧向站立，向一个方向做侧跨步跳，每一步都要停稳再开始下一步。

动作示范：见图4-63。

图 4-63 侧向跨步跳

十五、向前跨步跳与蛙跳结合

动作要领：先抬一条腿向前跨步跳，落地后再向前蛙跳；第一跳落地后浮动腿不能放心碰到地面，结束时候双脚靠地。

动作示范：见图4-64。

图 4-64 向前跨步跳与蛙跳结合

十六、伸臂弓步走

动作要领：左右脚向前弓步，在做弓步时配合双手向前伸出，弓步要大，手臂伸直。

动作示范：见图 4-65。

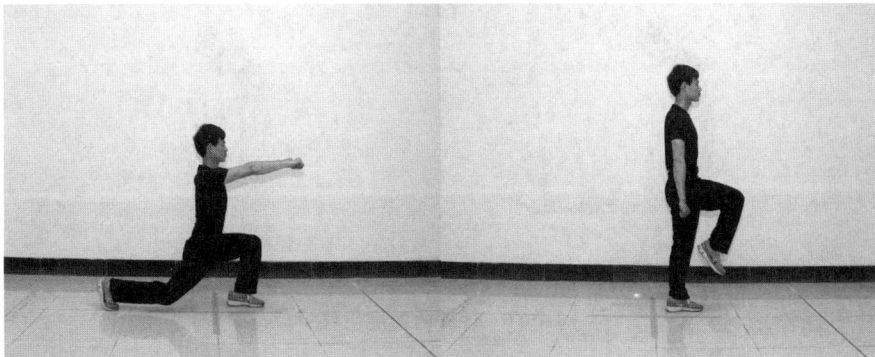

图 4-65 伸臂弓步走

十七、单脚交替左右移动跳

动作要领：单脚左右移动跳跃支撑，单脚支撑时候，下巴、膝盖、脚尖呈一条线然后再换到另外一条腿。

动作示范：见图 4-66。

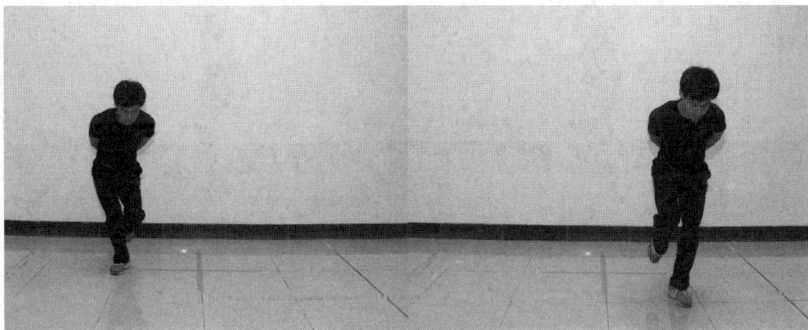

图 4-66 单脚交替左右移动跳

十八、行进间向前小碎步

动作要领：两脚脚前掌支撑，小碎步快速向前移动，配合手臂前后摆动。
动作示范：见图 4-67。

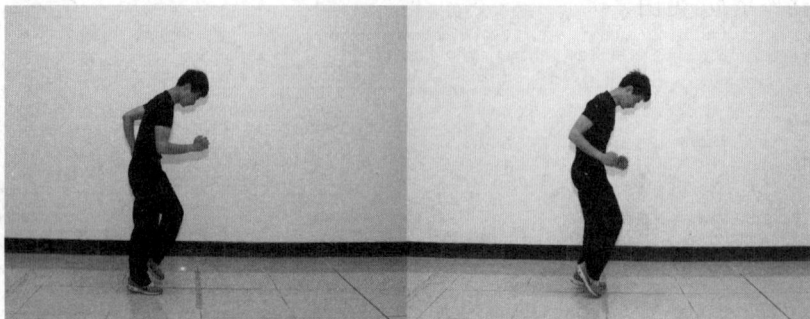

图 4-67　行进间向前小碎步

十九、行进间向后小碎步

动作要领：两脚脚前掌支撑，小碎步快速向后移动，配合手臂前后摆动。
动作示范：见图 4-68。

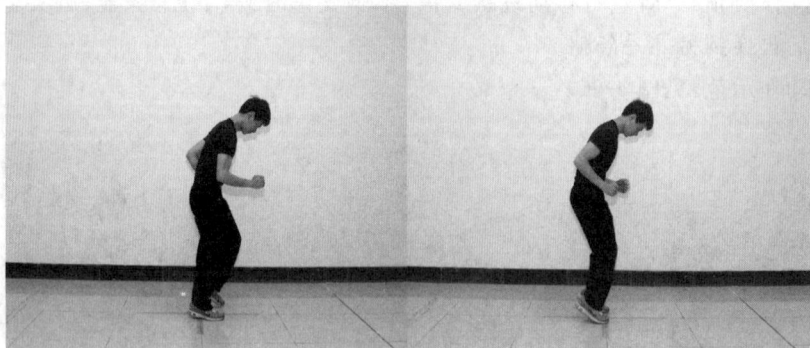

图 4-68　行进间向后小碎步

二十、展腹蛙跳

动作要领：半蹲向前跳跃，落下时抱膝，不用跳很远，要求跳起时展体及膝关节伸直。

动作示范:见图 4-69。

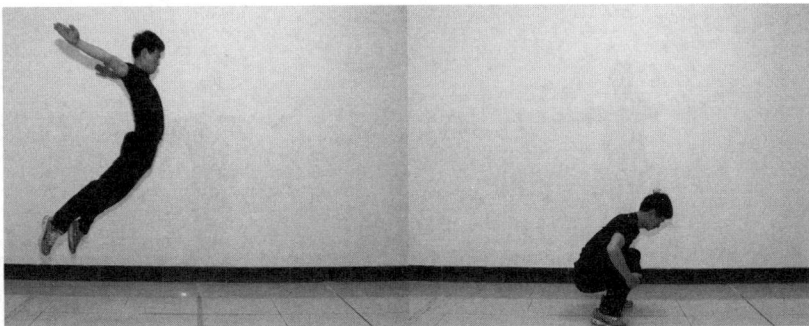

图 4-69　展腹蛙跳

二十一、行进间前交叉步

动作要领:侧向站立,一脚抬起跨过另外一只脚侧向连续移动。

动作示范:见图 4-70。

图 4-70　行进间前交叉步

二十二、行进间后交叉步

动作要领:侧向站立,一脚从后面抬起跨过另外一只脚侧向连续移动。

动作示范:见图 4-71。

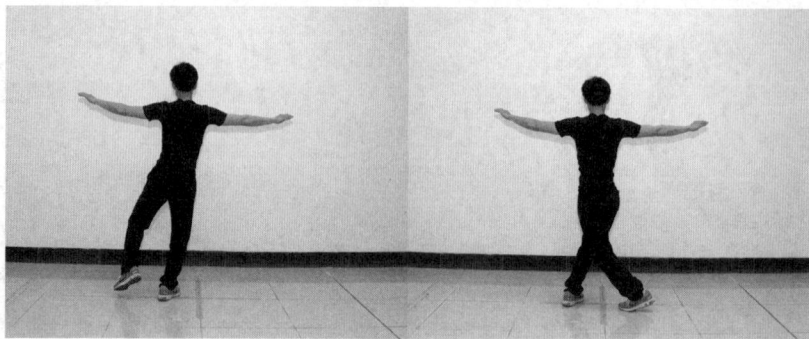

图 4-71　行进间后交叉步

二十三、行进间前后交叉步

动作要领：将第二十一和第二十二动作组合，一前一后抬脚转腰练习。

动作示范：第二十一和第二十二动作组合。

二十四、前后移动重心跳跃

动作要领：向前跳时脚前掌先落地，然后重心转移到脚跟，再到脚前掌、再到脚跟的过程。

动作示范：见图 4-72。

图 4-72　前后移动重心跳跃

二十五、接球仰卧起坐

动作要领:成仰卧起坐姿势,一同学负责扔球,另外一名同学抬起上身将球接住。

动作示范:见图 4-73。

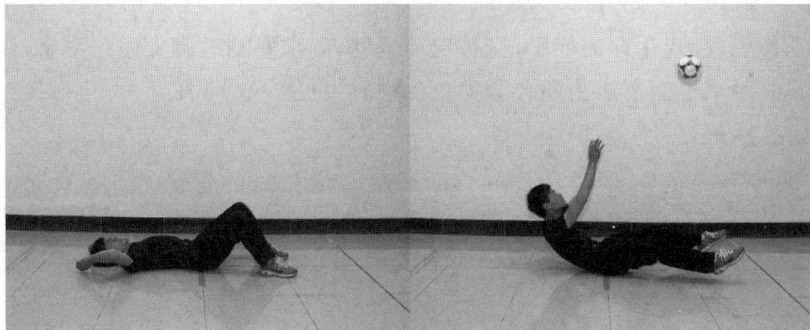

图 4-73　接球仰卧起坐

二十六、坐地举腿

动作要领:坐在地,双手捏住耳朵向后展臂后仰,在后背快要接触地面时停住,双腿交叉向上抬起,坚持 30 秒。

动作示范:见图 4-74。

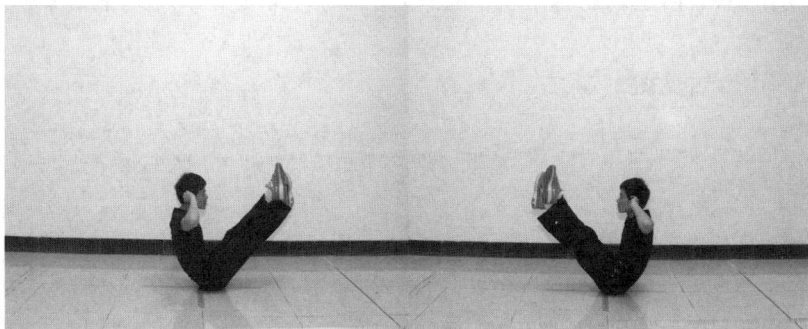

图 4-74　坐地举腿

第五节　柔韧适能常用干预手段

一、正踢腿

动作要领：双手向前伸平，交替向前踢腿，要求踢腿时脚尖碰到手掌，注意向上踢腿时手掌不能下压去迎合脚尖，支撑腿尽可能不要弯曲。

动作示范，见图 4-75：

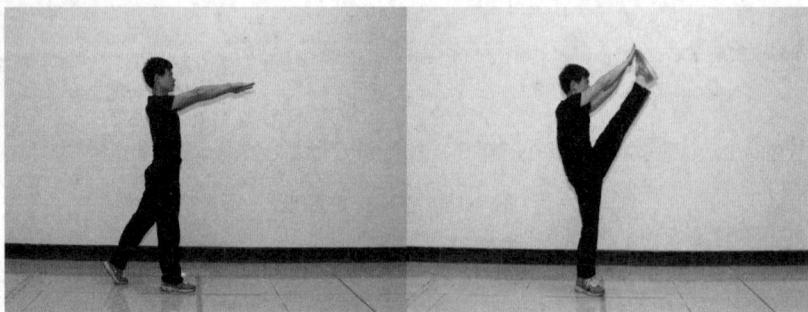

图 4-75　正踢腿

二、正踢腿与屈体勾脚尖拉伸组合

动作要领：向上踢右脚用左手碰脚，完成后将脚放下，用左手再碰脚尖，完成换右边。

动作示范：见图 4-76。

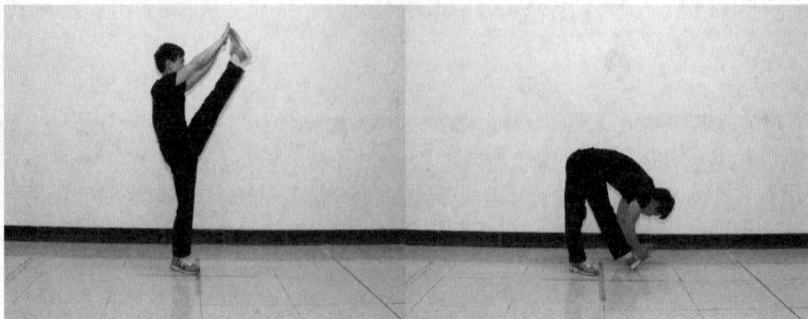

图 4-76　正踢腿与屈体勾脚尖拉伸组合

三、俯卧支撑移步

动作要领:成俯卧撑姿势,脚慢慢向手靠拢,当快接近手时继续趴下成俯卧撑姿势,完成动作时膝关节不能弯曲。

动作示范:见图 4-77。

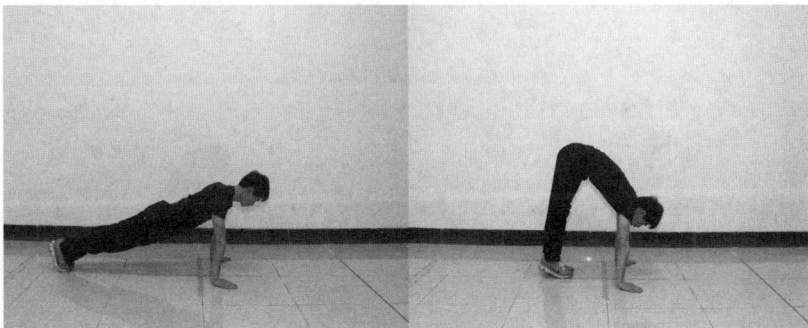

图 4-77 俯卧支撑移步

四、盘腿抱膝

动作要领:一条腿盘腿,双手用力将腿向上拉伸,两脚交替完成。

动作示范:见图 4-78。

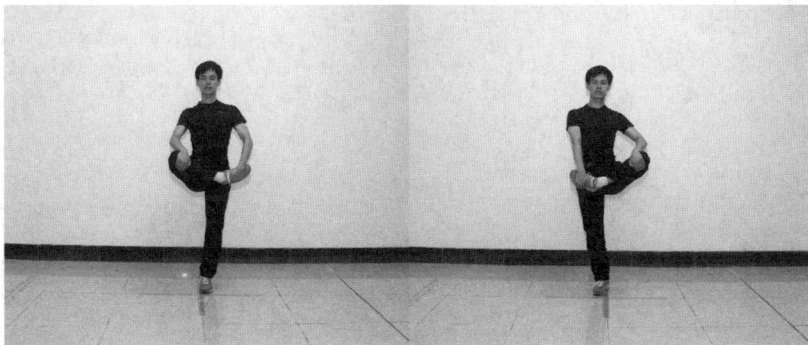

图 4-78 盘腿抱膝

五、侧滑步左右压腿

动作要领:向一侧滑步,然后先压一条腿再压另外一条,最后双手向下碰地面体前屈。

动作示范:见图 4-79。

图 4-79　侧滑步左右压腿

六、后交叉步压腿

动作要领:向后撤一步后向下压腿,压腿时要求下巴、膝盖、脚尖在一条线上,两条腿交替练习。

动作示范:见图 4-80。

图 4-80　后交叉步压腿

七、弓步双手支撑压腿

动作要领:向前弓步,双手放在支撑腿侧面,手掌与脚平行,前脚脚跟超过头,后脚膝关节伸直,脚尖指向前方。

动作示范:见图 4-81。

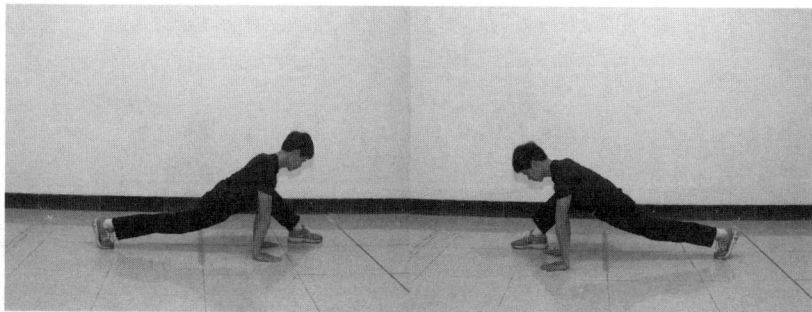

图 4-81 弓步双手支撑压腿

八、双脚交叉步侧身

动作要领:两脚交叉步配合双手抬起向侧面牵拉,哪脚在前身体就向哪一侧倾斜。

动作示范:见图 4-82。

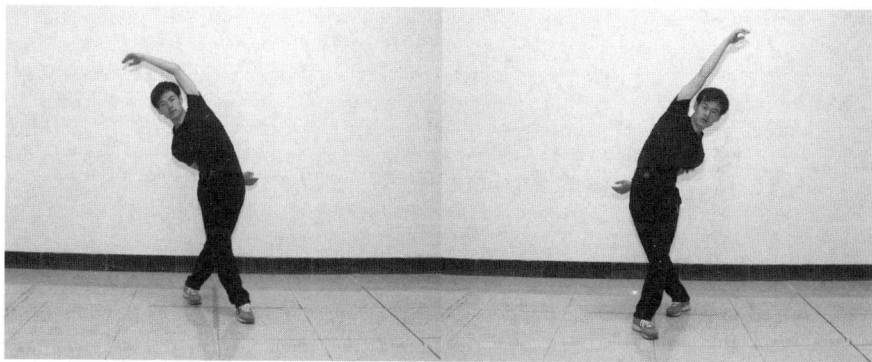

图 4-82 双脚交叉步侧身

九、侧滑步下蹲

动作要领:双手自然握拳放在体前,膝关节弯曲下蹲后跳起侧滑步,然后继续下蹲,下蹲时肘关节超过膝关节,在膝关节下侧为标准姿势。

动作示范:见图 4-83。

图 4-83　侧滑步下蹲

十、左右抱膝向前

动作要领:双手抱膝向上拉,让膝盖尽量靠近腹部,抬腿完成后双手主动抱膝。

动作示范:见图 4-84。

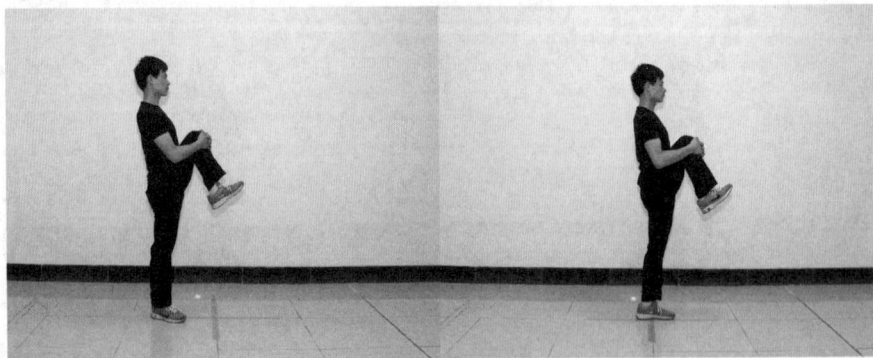

图 4-84　左右抱膝向前

十一、后踢腿跑

动作要领：双手放在体测，左右脚向后踢腿前进，脚跟碰到手。

动作示范：见图 4-85。

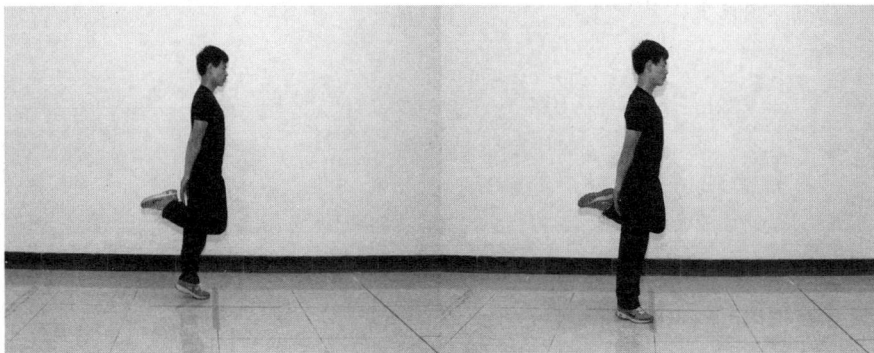

图 4-85 后踢腿跑

十二、抱膝展髋

动作要领：单手抓膝向上拉，让膝盖尽量靠近腹部，然后向一侧展开，最后再回到原位。

动作示范：见图 4-86。

图 4-86 抱膝展髋

十三、抱膝内收拉伸

动作要领:双手抱膝向上抬腿,随后用右手向右侧拉左膝盖,左手向左侧拉右膝盖。

动作示范:见图 4-87。

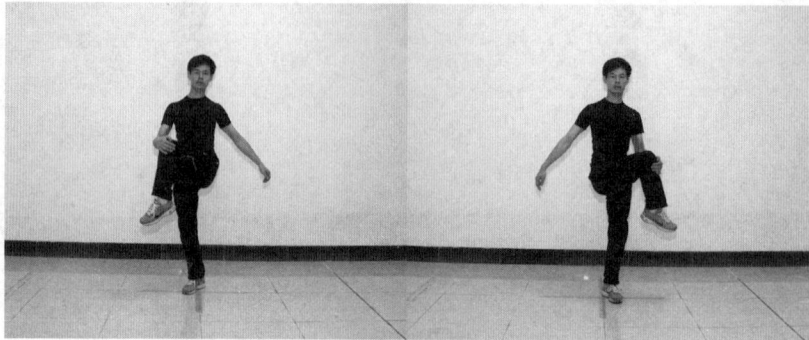

图 4-87 抱膝内收拉伸

十四、抱膝与折叠腿拉伸组合

动作要领:双手抱膝向上抬腿,放下后将腿拉到后面,前面抬腿时膝盖用力向上,向后拉伸时手拉脚背,两脚交替进行。

动作示范:见图 4-88。

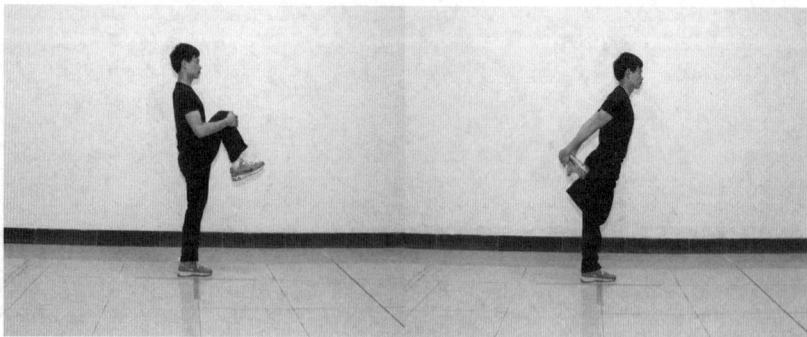

图 4-88 抱膝与折叠腿拉伸组合

十五、行进间抬腿左右转体

动作要领:双手抬起放在体前,左右抬腿并转体,抬起哪条腿身体就向哪侧转动,转体时肘关节超过一侧膝盖。

动作示范:见图 4-89。

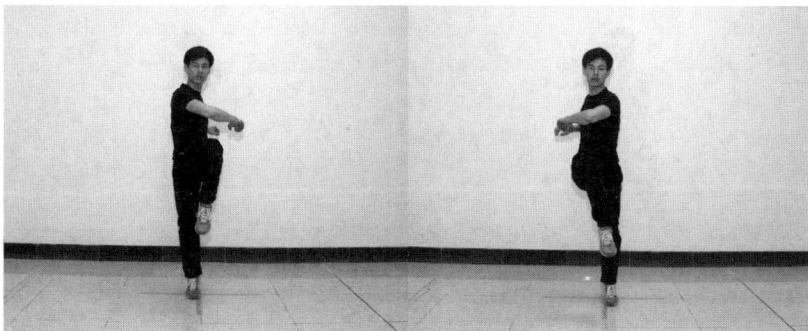

图 4-89　行进间抬腿左右转体

十六、抱肘侧身

动作要领:双手在头上交叉抱住,用一侧手用力牵拉另外一侧手成弯曲姿势。

动作示范:见图 4-90。

图 4-90　抱肘侧身

十七、抱头转体

动作要领：双手放在耳侧，抬肘转体，脚不能动。

动作示范：见图 4-91。

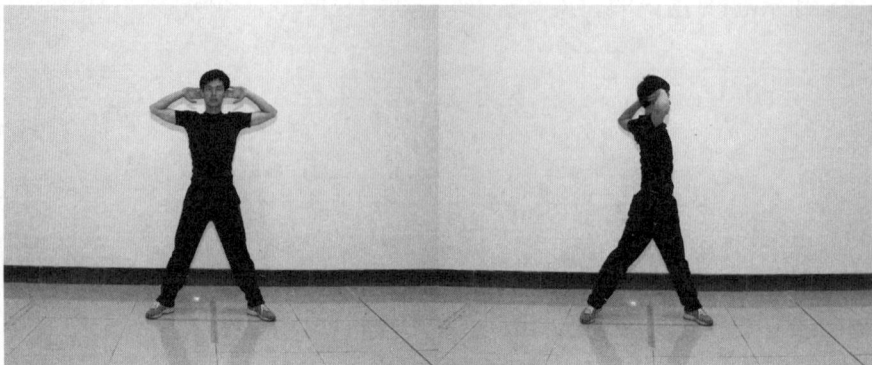

图 4-91　抱头转体

十八、下蹲转体

动作要领：双手自然半握拳放在体前，膝关节弯曲下蹲后转体继续下蹲，下蹲时肘关节超过膝关节，在膝关节下侧为标准姿势。

动作示范：见图 4-92。

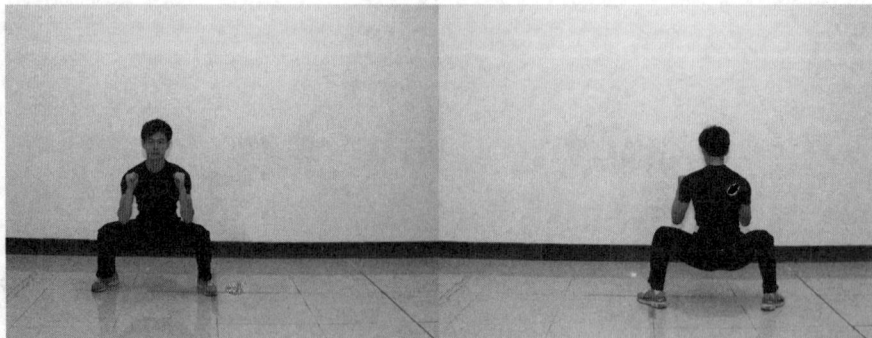

图 4-92　下蹲转体

十九、半蹲向前移动

动作要领:双手自然半握拳放在胸前,膝关节弯曲下蹲后靠腰转动向前移
动,用腰发力转动。

动作示范:见图 4-93。

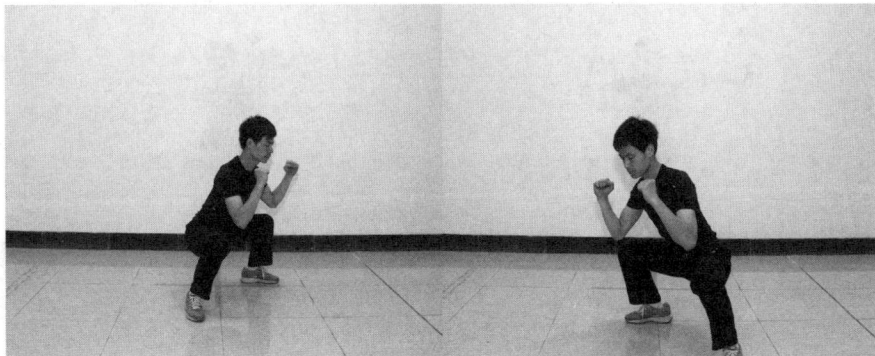

图 4-93 半蹲向前移动

二十、正踢腿外摆

动作要领:双手侧平举,用力向上踢腿后再摆到侧面,要求到侧面时候脚能
碰到手,踢腿时手不能下压主动去碰脚,注意膝关节不能弯曲。

动作示范:见图 4-94。

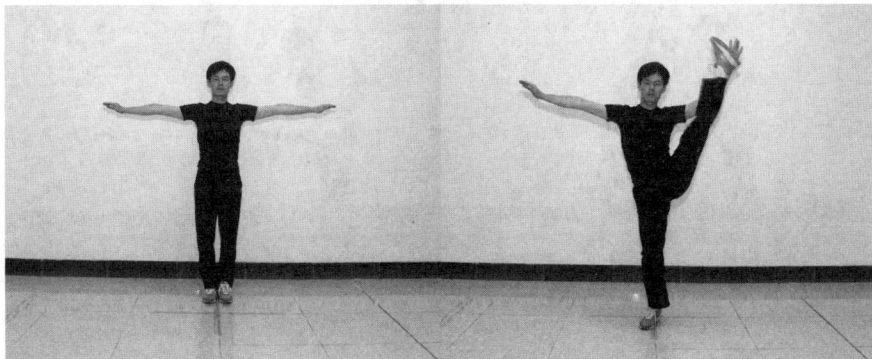

图 4-94 正踢腿外摆

二十一、异侧踢腿

动作要领：双手侧平举，用力向上踢腿，要求踢右腿时在前面能够碰到左手，踢左腿时能碰到右手，膝关节不能弯曲。

动作示范：见图 4-95。

图 4-95　异侧踢腿

二十二、双人配合压腿

动作要领：一人抬起腿，另外一人用一只手将其腿扶住，另外一只手放在对方膝关节上，抬腿同学膝关节不能弯曲，可以要求抬腿同学脚外旋。

动作示范：见图 4-96。

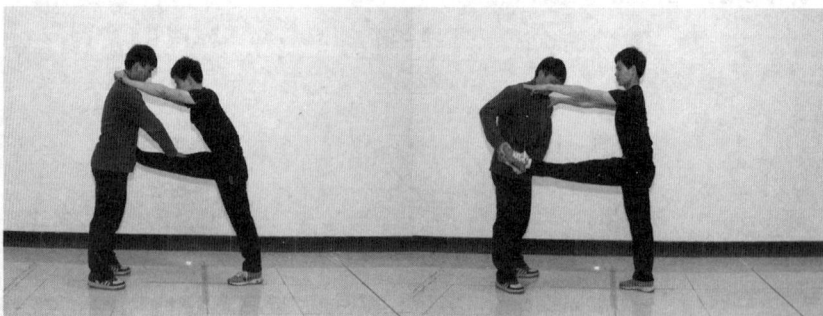

图 4-96　双人配合压腿

二十三、抱肘交叉腿侧身

动作要领：双腿交叉站立，两只手在头上交叉抱臂，向一侧拉伸。

动作示范：见图 4-97。

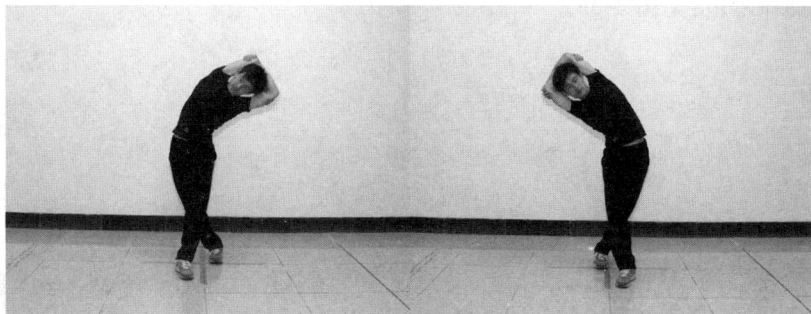

图 4-97　抱肘交叉腿侧身

二十四、侧身

动作要领：双手十指交叉外翻握好向上举过头顶，脚跟离地，脚尖点地用力支撑，双手用力上顶，上顶到最高点后向一侧拉伸侧腹肌。

动作示范：（略）。

二十五、小腿拉伸

动作要领：站在墙边，双手放在身后，一脚踩在墙上，重心慢慢向前移动，感觉到小腿后侧肌群被拉长，坚持一段时间后换另外一侧练习。

动作示范：见图 4-98。

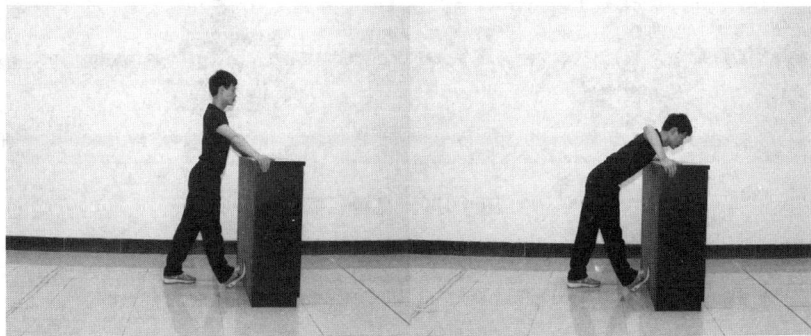

图 4-98　小腿拉伸

二十六、坐地分腿拉伸

动作要领：双腿分开坐在地上，先用两手用力摸脚尖坚持一会儿，再用两手同时摸一只脚坚持一会儿交换。

动作示范：见图 4-99。

图 4-99　坐地分腿拉伸

二十七、盘腿压髋

动作要领：盘腿坐下，双手先拉脚用力向里收，让同伴帮助将双膝向下压。

动作示范：见图 4-100。

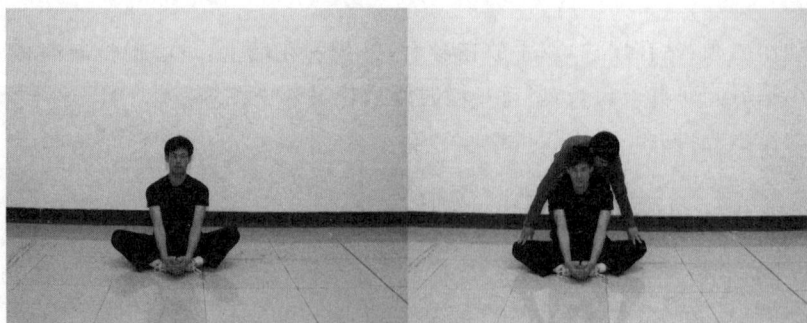

图 4-100　盘腿压髋

二十八、勾脚尖拉伸

动作要领：双膝绷直，抬起一只脚尖上翘，双手摸到脚尖，坚持一会再换另外一只脚。

动作示范：见图 4-101。

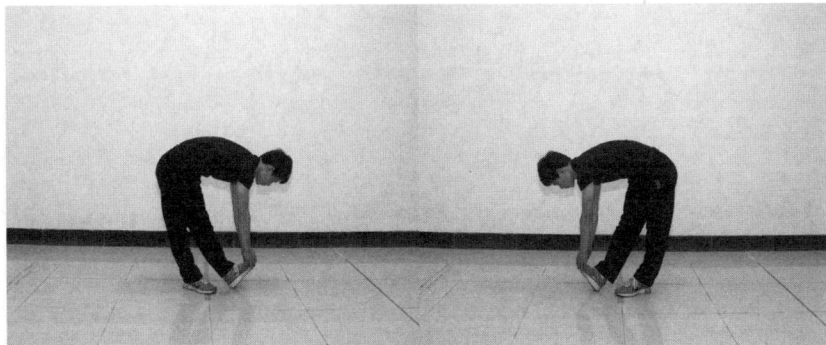

图 4-101　勾脚尖拉伸

二十九、交叉腿转体拉伸

动作示范：一腿伸直，另外一条腿弯曲跨过伸直腿后全脚掌触地，一手撑地，另外一手放在腿上。

动作示范：见图 4-102。

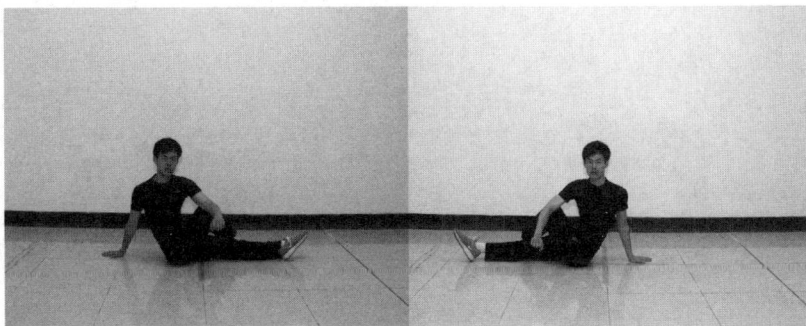

图 4-102　交叉腿转体拉伸

三十、仰卧抱膝拉伸

动作要领：仰卧姿势，双腿抬起不能触地，先用双手用力拉一条腿，然手双手再一起拉两条腿,反复练习。

动作示范:见图 4-103。

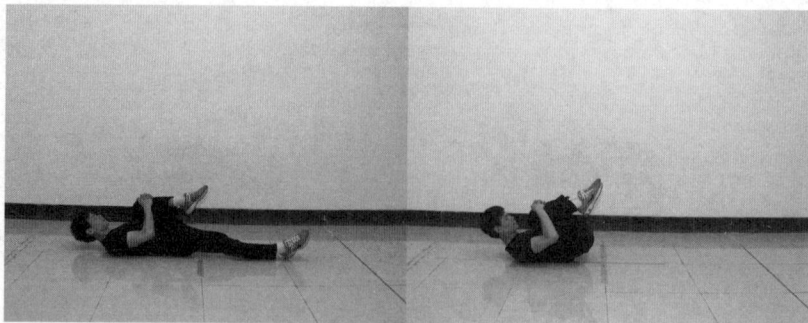

图 4-103　仰卧抱膝拉伸

三十一、双人配合大腿后侧拉伸

动作要领:坐式时练习者坐在地上双腿并拢,用手触碰脚尖,辅助者用力压练习者肩部,帮助其靠近脚尖;仰卧时练习者仰躺姿势,辅助者一手按住膝盖,一手将其腿向上抬起。

动作示范:见图 4-104。

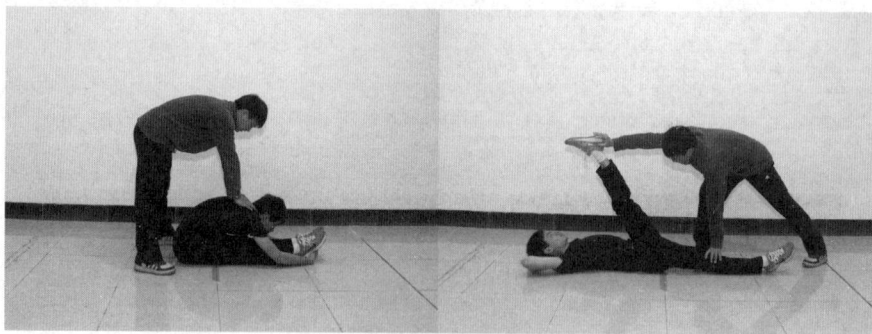

图 4-104　双人配合大腿后侧拉伸

三十二、单膝跪地拉伸

动作要领:前脚成弓步姿势,后脚单膝跪地,用同侧手将后脚脚跟向前拉,另外一只手指向前方。

动作示范：见图 4-105。

图 4-105　单膝跪地拉伸

三十三、肩带拉伸（跪式）

动作要领：跪姿，自己做双手反撑地拉上肢。
动作示范：见图 4-106。

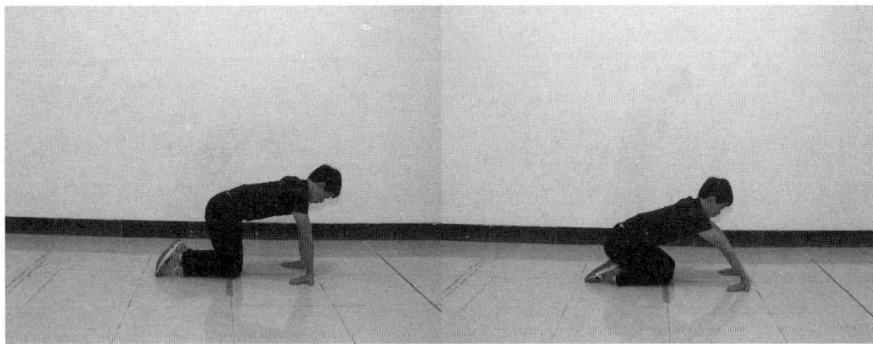

图 4-106　肩带拉伸（跪式）

三十四、肩带拉伸（下蹲式）

动作要领：双手反掌放在腰上蹲下，双肘夹双腿内。
动作示范：见图 4-107。

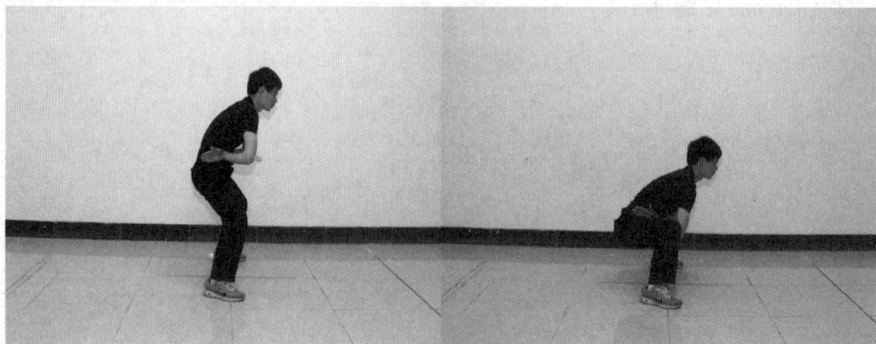

图 4-107 肩带拉伸(下蹲式)

三十五、反弓形拉伸

动作要领:成基本站立姿势,先双脚前后分开站立,双手放在体测,向后拉伸做弓形动作。

动作示范:见图 4-108。

图 4-108 反弓形拉伸

三十六、肩带拉伸(向前推手)

动作要领:原地站立,双手交叉用力向前推伸。

动作示范:见图 4-109。

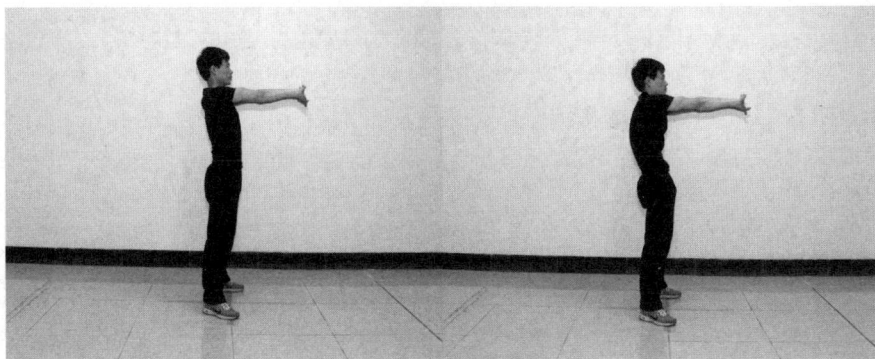

图 4-109 肩带拉伸(向前推手)

三十七、肩带拉伸(背手向上)

动作要领:双手交叉放在身后用力向上抬起。

动作示范:见图 4-110。

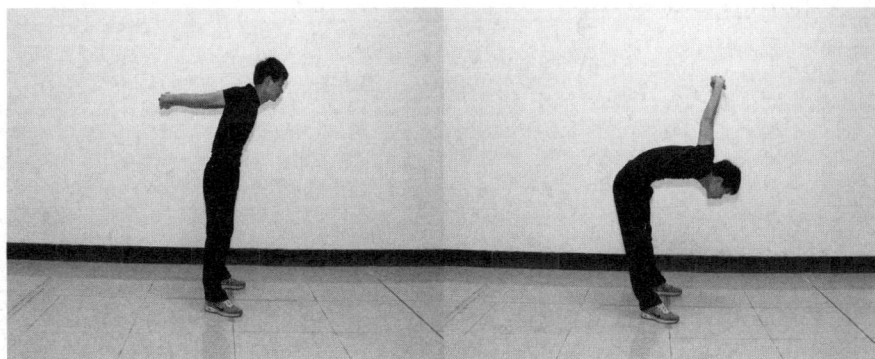

图 4-110 肩带拉伸(背手向上)

三十八、背手肩带拉伸

动作要领:双手背在后面,用一只手拉另外一只手。

动作示范:见图 4-111。

图 4-111 背手肩带拉伸

三十九、双人配合拉伸(坐式)

动作要领:双人并腿脚掌相对坐下拉手,一人用力向自己方向拉伸,然后交换;双人分开腿脚掌相对拉伸。

动作示范:见图 4-112。

图 4-112 双人配合拉伸(坐式)

四十、弓步张臂抱腿

动作要领:成弓步姿势双手伸展,双手抱住支撑腿。

动作示范:见图 4-113。

图 4-113　弓步张臂抱腿

四十一、双人配合肩带拉伸

动作要领:练习者盘腿抱头坐下,协助者用一条腿抵住练习者背部,用双手将练习者肩膀后拉和上提。

动作示范:见图 4-114。

图 4-114　双人配合肩带拉伸

四十二、压肩

动作要领:两人或者多人相互搭肩膀,用手按住对方的肩胛骨,一起用力下压。

动作示范:(略)。

四十三、双人转肩

动作要领:两人拉住双手,同时向右侧或者左侧转身,转身时双手举过头顶,一直转到开始手拉手位置。

动作示范:(略)。

第五章
常见疾病的运动干预

本章针对现代人经常遇到的疾病,通过各自不同特点,制定运动处方,以及健康干预时候应该注意的问题。

第一节 高脂血症

血脂主要包括胆固醇(或称总胆固醇、TC)和甘油三酯,在血液循环中以非游离状态存在,和蛋白结合成脂蛋白这样的大分子运输。主要的脂蛋白分类——乳糜微粒、极低密度(前-β)脂蛋白(VLDL)、低密度(β-)脂蛋白(LDL)和高密度(a-)脂蛋白(HDL),这些蛋白是紧密相连的,而分类常就物理化学特性而言(例如电泳移动率及超速离心分离后的密度)。血中主要的脂蛋白转运为甘油三酯,乳糜微粒是最大的脂蛋白携带者,外源性的甘油三酯经过胸导管到静脉系统,在脂肪的毛细血管和肌肉组织中,90%的乳糜甘油三酯通过一组特定的酯酶被转运,乳糜微粒被水解成脂肪酸和甘油进入到脂肪细胞和肌肉细胞中被利用或储存,这种醋酶快速地使 VLDL 中的内源性甘油三酯降解,引起中密度脂蛋白(IDL)丧失甘油三酯和脱辅基蛋白,2—6 小时内 IDL 通过分离更多的甘油三酯而进一步降解成为 LDL,LDL 在血浆中的半衰期为 2—3 天,VLDL 为血浆LDL 的主要来源。

LDL 的排泄不是很清楚,肝脏清除约占 70%,有活性的受体位点清除循环中的大多数 LDL,这些位点在肝细胞和特定的与载脂蛋白 B(apoB)结合的细胞表面和 LDL 关联的配体中,LDL 则和 LDL 受体结合量很少但重要的一部分LDL 被循环中的非 LDL 受体旁路所清除,包括被巨噬细胞上的受体所摄入、清除,巨噬细胞可移动到动脉壁上成为动脉硬化斑上的泡沫细胞。

高脂血症由 VLDL 产生过多或清除障碍以及 VLDL 转变成 LDL 过多所致,肥胖、糖尿病、酒精过量、肾病综合征或基因缺陷可引起肝脏 VLDL 产生过多,LDL

和 TC 增高亦常与血高甘油三酯相关联。LDL 的清除障碍和 apoB 的结构缺陷有关。另外,清除障碍亦可能由于 LDL 受体数量减少或功能异常(活力降低),这可能为基因或饮食因素所致。LDL 受体蛋白结构的分子缺陷是 LDL 受体功能异常常见的遗传学原因——基因缺陷的常见机制会在下文中描述。

当食物中的胆固醇(乳糜微粒的残余部分)到达肝脏时,引起细胞内的胆固醇(或肝细胞的胆固醇代谢产物)升高抑制了 LDL 受体合成,亦抑制了 LDL 基因的转录,受体数量的下降引起血浆 LDL 和 TC 水平增高。饱和脂肪酸亦使血浆 LDL 和 TC 水平增高,作用机制为它使 LDL 受体功能下降。在美国,食物胆固醇和饱和脂肪酸的摄入量很高,LDL 血浆水平可高达 25—40 毫克/分升(0.65—1.03 毫摩尔/升)——这使冠心病的发病率显著升高。

一、高脂血症的概念

所谓高脂血症是指血清脂质(主要是中性脂肪、胆固醇)异常增高,即脂蛋白显示异常增高。高脂血症产生的原因有:遗传;来自饮食的外源性脂肪;由脂肪组织动员来的内源性脂肪;脂肪代谢异常等。

二、高脂血症的分类

(一)高中性脂肪血症

高中性脂肪血症分外源性和内源性,外源性的主要表现乳糜微粒升高,内源性的主要表现在极低密度脂肪蛋白(VLDL)升高。

(二)高胆固醇血症

由膳食吸收而来的胆固醇量很少,每天不过 0.3—0.5 克,而肝脏每天大约合成 19 克,所以内源性的胆固醇影响更大。高胆固醇血症是指血清总胆固醇值超过 230 毫克/分升,而且高密度脂蛋白(HDL)胆固醇占总胆固醇 35% 以下为异常。

近年来,运动对改善脂代谢的作用得到公认,高血脂运动处方原则方面的研究,也逐年增加。

单纯的高血脂,非运动禁忌证。如果合并其他冠心病的危险因素,可按照相应的原则制定运动处方。

三、高脂血运动处方

运动目的:通过能量消耗,调节血脂,运动时强调每周的总运动量,而不是强调运动强度。

运动方式:有氧运动可采用 50%—60% 最大摄氧量的强度。

强度与频率:每次持续 30—60 分钟,每周 5 次左右。

有研究表明,持续时间为 60 分钟,降脂效果好于 30 分钟。有研究提出,每周能量消耗达到 1200 千卡,即可产生降低血脂的效果;每周能量消耗在 2200 千卡以上,可产生理想的降低血脂的效果,可以采用有氧运动和力量练习相互结合的方式进行干预。

四、睡前五忌

高血脂是指人体血浆内胆固醇、甘油三酯的含量高于正常人。高血脂易引起动脉硬化、高血压、脑梗死、冠心病及心肌梗死等疾病。因此,高血脂病人在睡觉前应注意五个方面的问题。

一忌枕头过高。头部铺垫过高,颈部肌肉和韧带过度牵拉,会挤压颈部血管阻断血流,造成脑供血不足,容易导致脑梗死。

二忌睡前吃得过饱。饱餐后血液会向胃肠道集中,心脑的血流相对减少,易引起脑梗死、心绞痛、心肌梗死等疾病。

三忌睡前服用大剂量安眠药、作用较强的降压药或血管扩张药。这些药物会减缓血流,使血液黏稠度增高,大脑血液灌注障碍,易导致缺血性脑中风。

四忌睡前酗酒。酗酒后,血浆及尿中儿茶酚胺含量迅速增加,因儿茶酚胺是升高血压的元凶,加之高血脂病人易合并动脉粥样硬化和高血压,容易导致脑中风和猝死。

五忌睡前抽烟。烟草中的有害成分可使血管痉挛收缩、血压升高,还能使血小板聚集形成栓塞,从而导致冠心病、心绞痛,甚至心肌梗死的发生。

五、注意事项

调整合理饮食,减少饱和脂肪酸和胆固醇的摄入。

调整生活、工作方式,积极参加体育活动,避免久坐不动,控制体重,戒烟限酒。

有冠心病、糖尿病及原发性高脂血症家族史者应每年定期做血脂、血糖、肝功能等全面检查。

40 岁以上男性,绝经期后女性应每年定期做血脂全面检查。

为能够早期和及时地发现高脂血症,建议所有 20 岁以上的成年人,应该定期检查血浆总胆固醇水平。对于所有的胰腺炎患者，均应测定血浆三酰甘油水平。

第二节　体重过重

一、体重过重原因

（一）遗传学因素

人类脂肪细胞数量在生命的早期即已确定，脂肪细胞一旦形成，其数量基本不变，它是由遗传因素决定的。

（二）病理原因

某些疾病所引起的身体成分变化。

（三）过度进食和膳食结构不合理

（四）运动不足

网络和电视业的发达，让很多人花费了业余空闲时间。

二、体重过重的危害

美国医学联合会会长路易斯郑重向人们宣告：我们人类面临的最大威胁并不是癌症，而是对人的健康构成威胁的肥胖症。肥胖过度本身就是代谢性疾病，肥胖者的寿命低于体重正常人。

脂肪堆积在腹腔，使横膈升高，导致心肺活动受阻，影响心肺功能。

脂肪堆积在心脏，导致心肌收缩无力，血流速度减慢，易引起头晕、乏力、头痛。

脂肪堆积在血管壁，使血管弹性下降，形成动脉粥样硬化。

脂肪堆积在肝脏，易形成脂肪肝。

肥胖会导致各种并发症，如过重负荷引起的骨关节疾患。

较易患高血压、心脏病（尤其冠心病）、糖尿病、肝脏硬化、胆石症等病症。

三、饮食疗法

肥胖的饮食疗法是指通过限制能量的摄入，动员体内储存的能量释放，减少体内脂肪储存量、减轻体重的一种治疗方法。

（一）亚太地区有关肥胖膳食指南

1. 尽可能平均分配 1 天的摄食量，不应漏餐。

2. 应有足够的膳食，以避免餐间加点心。

3. 膳食中脂肪和油的产热比要小于 20％—30％。

4. 总热能中的 55％—65％应来自糖类（碳水化合物）。

5. 应鼓励食用新鲜水果、蔬菜和粗粮。

6. 限制酒精的摄入。

（二）饮食治疗原则

1. 日常饮食热能调查。了解每天能量的摄入与活动消耗情况。按照热能负平衡的原则制定饮食处方。

2. 膳食总热量应根据病人的具体情况如年龄、劳动强度、治疗前的进食热量以及病情等。参照正常供给量。结合减肥的目标来决定。如每周减少体重 0.5—1.0 千克。则每天减少热量 2303—4605 千焦（550—1100 千卡）为宜。每月减少体重 0.5—1.0 千克，则每天少供应热量 523—1046 千焦（125—250 千卡）为宜。

3. 限制糖类供应，以占总热能的 55％为宜，糖类在体内能转变成脂肪，尤其肥胖者摄入单糖类后，更容易以脂肪的形式沉积，同时应限制酒精的摄取，酒精中含有很高的热量。

4. 限制脂肪，占总热能的 20％—30％以下，过多的脂肪摄入可引起酮症。

5. 适量蛋白质供应，控制在总热量的 20％—30％，即每公斤体重 1 克左右，低热能饮食中蛋白质供给量过高会导致肝肾功能不可逆损伤。

6. 鼓励食用新鲜低糖水果、蔬菜和粗粮，保证每天食物纤维供给量不低于40 克。

（三）饮食治疗方法：低热量饮食、极低热量饮食

低热量饮食（LCD）：该疗法适用于大多数肥胖患者。从饮食中每天减少2092—4184 千焦（500—1000 千卡）的热量摄入，使体重每月下降 2.2—4.4 千克，限制患者的总热量在每天 4184.1—6694.4 千焦（1000—1600 千卡）。调整糖类、蛋白质和脂肪的比例。糖类占总热量的 50％—60％。尽量选用全麦制品和蔬菜，从而获得复合糖类；蛋白质占总热量小于等于 15％，从瘦肉和植物蛋白中获得，减少脂肪摄入，脂肪占总热量的 20％—30％。胆固醇小于 300 毫克。高胆固醇患者可将饱和脂肪减少到总热量的 7％以下，每天胆固醇小于 200 毫

克,保持摄入适量的维生素和矿物质,每天食盐的量小于等于 6 克。

极低热量饮食(VLCD):由于极低热量饮食可引起组织蛋白分解增多,而出现不良反应。因此 VLCD 仅适用于极度肥胖患者在其他治疗失败的情况下使用,而不适用于生长发育期的儿童、孕妇及患有重要器官功能障碍的患者。VLCD 治疗的患者必须住院,在医生的密切观察下接受治疗。VLCD 是一种快速减肥的方法,实施的措施是提供每天 1673.6—3347.2 千焦(400—800 千卡)能量,可迅速降低体重 1—1.5 千克/周。当体重下降到理性程度时,应逐步过渡到低热量饮食。VLCD 在短期内的效果很明显,但是在治疗后的 1—2 年内会出现体重大幅度反弹。此外,患者如未改变进食习惯,就不能保持长期减肥的效果。无论应用哪种饮食疗法,维持肥胖者的身心健康,尽量减少减肥对机体造成的不良影响,而同时能减少储存于体内的脂肪量是饮食治疗的基本原则。所以在实施饮食治疗时,应该做到:

1. 决定合适的热能摄入量;

2. 适当的营养素分配比例和供给;

3. 纠正不良的膳食习惯,建立规则的膳食制度和生活习惯。

四、运动疗法

单纯饮食疗法对多数轻度肥胖者可产生明显的减肥效果,但对中度或重度肥胖者来说,严格的饮食控制不容易长期坚持,并且进行饮食治疗时,随着摄入能量的减少、体重的减轻,机体会产生保护性代谢率降低,到达新的能量平衡状态而导致减肥的停滞。此外,严格的饮食控制可引起乏力、嗜睡、直立性低血压、低血糖等不良反应。如果长期饥饿,体内糖及组织蛋白的分解代谢增加,而导致肌肉萎缩、贫血、酮症酸中毒、神经性厌食等不良后果。因此,单纯的饮食控制将使患者长期忍受饥饿之苦、增加心理负担。同时,由于组织蛋白较多地流失,反而对机体产生有害影响,使得减肥治疗难以持久。而运动疗法则可纠正因饮食控制所引起的不良反应,减轻患者的心理负担,使减肥治疗长期稳固地坚持下去。由此可知,在饮食控制的基础上,应强调运动锻炼的重要性,见表 5-1。

表 5-1　不同减肥方法对机体的影响

观察指标	饮食限制	综合运动锻炼
营养状态	下降	不变
心肺功能	减弱	改善

续 表

观察指标	饮食限制	综合运动锻炼
肌肉重量	减少	增加
体脂肪丢失	少	多
高密度脂蛋白	下降	增加
产热效应	减少	增加或不变
糖耐量	降低	改善
胰岛素敏感性	降低	改善
抑郁、焦虑等精神症状	多见	少见或无
体能	下降	增强
代谢紊乱	多见	少见或无
计划实施	不易坚持	易坚持
减肥效果	不持久	持久

近年来运动治疗肥胖的地位越来越受到重视。肥胖者的运动锻炼有许多好处：增进心肺适应性，减少心血管危险因素，增加能量的消耗，增强自我有效感和舒适感。肥胖的基础是能量的消耗不足，因此，运动治疗显得尤为重要。肥胖者能量消耗不足的原因有较低的基础代谢率、产热能力减弱、体力活动过少等。这些因素通过运动锻炼是可以加以纠正的。

（一）运动疗法作用原理

1. 改善脂质代谢水平去除危险因素：运动时，肾上腺素、去甲肾上腺素分泌增加，可提高脂蛋白酶的活性，促进脂肪的分解；同时降低血中甘油三酯及低密度脂蛋白胆固醇水平，提高高密度脂蛋白胆固醇水平；减少脂肪在心脏、血管、肝脏等器官内沉积，预防血管粥样硬化及心脑血管病变；短时间大强度的运动主要由糖提供能量，消耗多余的糖，防止其转化为脂肪，也有减肥作用；而中等强度长时间的运动主要由非酯化脂肪酸提供能量，这种耐力性运动可大量消耗热量，是肥胖症运动治疗的主要方式。

2. 改善胰岛素受体功能，促进糖代谢。运动时，血胰岛素水平降低，而肌肉组织利用葡萄糖增加，反映了运动可增加肌肉组织对胰岛素的敏感性，减轻胰岛素的抵抗。因此，运动对并发有高胰岛素血症或有胰岛素抵抗的肥胖患者有特殊的治疗作用。

3. 增强运动能力和运动耐力,促进健康。运动可加强心肌收缩力,增加胸廓及膈肌的活动度,加深呼吸,增加肺活量,从而改善心肺功能,提高人体健康水平。

五、行为疗法

行为治疗是帮助肥胖者改善其不良的生活习惯,建立健康的饮食和运动习惯,达到减轻体重,成功维持体形的治疗方法。行为治疗的方法包括自我监测、刺激控制、认知重塑、应激处理、社会支持等。这些干预在肥胖者短期体重减轻疗效较好,但对长期保持较低体重的效果略差。因为,肥胖是一个不易治愈的慢性状态,所以行为干预一方面需要覆盖面广,包括生存质量,良好的心理素质,较低的心血管危险因素等;另一方面需要持久的干预,而非短暂的、限时的治疗模式,否则很难收到长期的疗效。

(一)自我监测

自我监测指行为模式以及行为反馈的观察和记录。

具体方法是观察和记录自己每天的行动。包括:

1. 总热量、脂肪、食物类别、摄入量、摄入方法、摄入时间,甚至进餐时的心情等饮食日记;

2. 运动种类、强度、时间、频率等运动日记;

3. 每天的体重变化日记等。

记录的目的并不是为了回顾具体的数值,而是要使肥胖者更多地注意自己的行为与改变这些行为后所获得结果之间的关系,增强治疗的信心。自我监测是非常有效的饮食和运动的行为干预,应积极鼓励患者使用这种方法。

(二)刺激控制

刺激控制指识别并改善与不良生活方式有关的环境因素。

帮助肥胖者改善这些因素有利于成功地控制体重,也称控制刺激。具体地说,如患者诉说工作忙无时间运动,就应该帮助患者寻找时间,或早起床或步行上班等,养成习惯后部分患者就能坚持下去。

(三)认知重塑

认知重塑指改变患者不符合实际的目标和不正确的想法。

比如有些肥胖者对肥胖抱有不切实际的幻想,大多数人在治疗时对减去10%的体重不能接受,希望减得越多越好,这时应该帮助患者正确认识自己的体重,主动地改变自己内心的对话,使自己的想法更接近实际。

（四）应激处理

应激主要与反弹和过多摄入有关，可触发不健康的饮食行为。

应激处理是教会患者识别和应付应激和紧张，减压在治疗中是有效的。应激处理的手段包括全身放松、运动、膈肌呼吸、仔细思考等。这些方法有助于患者减轻紧张，减弱交感神经兴奋，从应激环境中转移出来。如当看到自己喜欢的食物时，可以先尝试做一些自己感兴趣的事，如看书或喜爱的运动等，然后再回到餐桌旁，食欲也许已得到了抑制。应激处理是可以有效地帮助患者应付高危环境，学会避免过多摄入的方法。

（五）厌恶疗法

使肥胖者产生厌恶，以避免过多进食。可将体态臃肿的照片挂在就餐间，每次就餐就能感受到自己，以抑制食欲。

（六）社会支持

个人的生活是无法脱离社会环境而独立存在的。减肥虽属个人行为，但离不开家庭成员、朋友及同事的支持，否则减肥不易成功。即使成功也无法持久，行为治疗可以帮助肥胖者控制体重，改善整体形象以及解决与饮食和运动有关的长期问题，正确地使用行为治疗技术是减肥成功的保障。

六、药物治疗

目前在肥胖病治疗中药物不占重要地位，不少医生坚持不给病人任何药物，理由是担心药物治疗会引起病人幻想，只把希望寄托在药物上，而不重视饮食治疗和运动治疗。随着新一代减肥药的开发，药物作为生活方式的改变的附属品越来越流行，特别是当饮食及运动疗法未能奏效时，可采用药物辅助治疗。

药物主要分为六类：食欲控制剂（中枢性食物抑制剂、肽类激素、短链有机酸），营养吸收抑制剂（糖类吸收阻滞剂、脂类吸收阻滞剂），脂肪合成阻滞剂，胰岛素分泌抑制剂，代谢刺激剂和脂肪细胞增殖抑制剂。上述多类药物有的已较成熟，有的尚处研究开发阶段。目前较常用的药物有西布曲明（神经递质再摄取抑制剂）和奥利司他（倡导脂肪酶抑制剂）。

七、外科治疗

脂肪抽吸术是 20 世纪 80 年代中期开始兴起的一项减肥技术，它利用负压吸引器连通一根特制的金属管，通过金属管侧孔在皮下脂肪层反复抽吸去除皮下脂肪的堆积,达到减肥重塑体重的目的。

超声碎脂术是利用超声波作用于疏松、肿胀的脂肪,使之乳化,再用负压将乳化液吸除。较单纯负压吸引术更具出血少、操作轻松、脂肪抽出效率高等优点。但这种治疗方法在使用上有一定的局限性,仅适合于局部皮下脂肪堆积的轻、中度肥胖者,对全身性肥胖,或伴有内分泌代谢紊乱、凝血机制异常、心脑血管疾病者禁忌。

此外,我国传统医学如针灸、中医中药也有很多行之有效的减肥方法,肥胖者可结合自身的具体情况适当选用。

肥胖的康复治疗是一项长期艰苦的工作,在治疗前应根据肥胖者的实际情况制订一个个体化的、切实可行的康复治疗计划,将饮食治疗、运动治疗、行为治疗和祖国传统医学等方法有机地结合起来,并贯穿于肥胖者的全部日常生活中。在治疗过程中定期检查各项指标,确定减肥的疗效,不断调整治疗计划,提高减肥的成功率。

第三节　脂肪肝

脂肪肝是指由于各种原因引起的肝细胞内脂肪堆积过多的病变。脂肪性肝病正严重威胁国人的健康,成为仅次于病毒性肝炎的第二大肝病,已被公认为隐蔽性肝硬化的常见原因。

脂肪肝是一种常见的临床现象,而非一种独立的疾病。其临床表现轻者无症状,重者病情凶猛。脂肪肝的发病率近几年在欧美和中国迅速上升,成为仅次于病毒性肝炎的第二大肝病。在某些职业人群中(白领人士、出租车司机、职业经理人、个体业主、政府官员、高级知识分子等)脂肪肝的平均发病率为 25%;肥胖人群与 II 型糖尿病患者中脂肪肝的发病率为 50%;嗜酒和酗酒者脂肪肝的发病率为 58%;在经常失眠、疲劳、不思茶饭、胃肠功能失调的亚健康人群中脂肪肝的发病率约为 60%。近年来脂肪肝人群的年龄也不断下降,平均年龄只有 40岁,30 岁左右的病人也越来越多。45 岁以下男性脂肪肝明显多于女性。

脂肪肝早期无症状,好多年轻人在体检时检查出自已患了脂肪肝而就医,所以人人都要注意体检,有效地把疾病控制在早期阶段。

根据肝脏脂肪的含量,可将脂肪肝分为三度:轻度(含脂肪 5%—10%)、中度(含脂肪 10%—25%)和重度(几乎所有肝细胞均发生脂肪变)。又根据肝组织是否伴有炎症将脂肪肝分为三期：Ⅰ期为不伴炎症的"单纯性脂肪肝"；Ⅱ期为伴有汇管区炎症和纤维化的"脂肪性肝炎"；Ⅲ期为完全纤维化，假小叶形成，即"脂肪性肝硬化"。

一、病原分类

（一）肥胖性脂肪肝

肝内脂肪堆积的程度与体重成正比。30％—50％的肥胖症合并脂肪肝，重度肥胖者脂肪肝病变率高达61％—94％。肥胖人体重得到控制后，其脂肪浸润亦减少或消失。这类脂肪肝的治疗应以调整饮食为主，基本原则为"一适两低"，即适量蛋白、低糖和低脂肪，平时饮食注意清淡，不可过饱，适量新鲜蔬菜和瓜果，限制热量的摄入。同时要加强锻炼，积极减肥，只要体重下降，肝内脂肪浸润即明显好转。

（二）酒精性脂肪肝

长期嗜酒者肝穿刺活检，75％—95％有脂肪浸润。还有人观察，每天饮酒超过80—160克则酒精性脂肪肝的发生率增长5—25倍。治疗要从限制酒精摄入开始，轻度酒精性脂肪肝只要戒酒4—6周，转氨酶就有可能降低到正常水平。

（三）快速减肥性脂肪肝

禁食、过分节食或其他快速减轻体重的措施可引起脂肪分解短期内大量增加，消耗肝内谷胱甘肽（GSH），使肝内丙二醛和脂质过氧化物大量增加，损伤肝细胞，导致脂肪肝。从已知的研究来看，一般通过纯节食减肥或药物减肥一个月体重下降1/10或以上者得脂肪肝的可能性非常大，而且一旦停止体重反弹也会非常快。目前许多年轻人患脂肪肝的原因就是盲目减肥引起的。

（四）营养不良性脂肪肝

营养不良导致蛋白质缺乏是引起脂肪肝的重要原因，多见于摄食不足或消化障碍，不能合成载脂蛋白，以致甘油三酯积存肝内，形成脂肪肝。如重症营养缺乏病人表现为蛋白质缺乏性水肿，体重减轻，皮肤色素减退和脂肪肝，在给予高蛋白质饮食后，肝内脂肪很快减少；或输入氨基酸后，随着蛋白质合成恢复正常，脂肪肝迅速消除。

（五）糖尿病脂肪肝

糖尿病患者中约50％可发生脂肪肝，其中以成年病人为多。因为成年后患糖尿病人中有 50%—80% 是肥胖者,其血浆胰岛素水平与血浆脂肪酸增高,脂肪肝变既与肥胖程度有关,又与进食脂肪或糖过多有关。这类病人一方面积极采取病因治疗,另一方面要求低糖低脂肪低热卡及高蛋白饮食,病人脂肪热卡占总热卡的 25% 以下为宜。

（六）药物性脂肪肝

某些药物或化学毒物通过抑制蛋白质的合成而致脂肪肝,如四环素、肾上腺皮质激素、嘌呤霉素环己胺吐根碱以及砷、铅、银、汞等。降脂药也可通过干扰脂蛋白的代谢而形成脂肪肝。此类脂肪肝应立即停用该药,必要时辅以支持治疗,直至脂肪肝消失为止。

（七）妊娠脂肪肝

多在第一胎妊娠 34—40 周时发病,病情严重,预后不佳,母婴死亡率分别达 80% 与 70%。临床表现为严重呕吐、黄疸上腹痛等,很难与暴发性病毒肝炎区别。及时终止妊娠可使病情逆转,少数可经自然分娩或剖宫产而脱险。

（八）其他疾病引起的脂肪肝

结核、细菌性肺炎及败血症等感染时也可发生脂肪肝,病毒性肝炎病人若过分限制活动,加上摄入高糖、高热量饮食,肝细胞脂肪易堆积;接受皮质激素治疗后,脂肪肝更容易发生。控制感染后或去除病因后脂肪肝迅速改善,还有所谓胃肠外高营养性脂肪肝、中毒性脂肪肝、遗传性疾病引起的脂肪肝等。脂肪肝属于一种病理现象,不需要单独作为一种病来治疗,也绝非无药可医。当你发现有脂肪肝时,应及早到医院认真检查,找出病因,对因治疗,绝大多数脂肪肝是可以恢复正常的。

二、运动疗法

"脂肪肝是吃出来的,多动动、少吃吃,自然会好",这个粗浅的概念似乎人人都懂。于是一些误区也随之出现。比如:"我每天动个不停,家务全是我做的""平时我没空,逢节假日我会去健身""我每天工作量很大,已经够我消耗的了,不必再做其他运动"等。

如何运动才是消除脂肪肝最有效的呢? 相信,许多脂肪肝患者并不是很清楚。其实,合适的运动要根据病人的具体情况制定出运动治疗方案。

（一）选择适合你的运动项目

脂肪肝患者的运动项目应以低强度、长时间的有氧运动为主,以锻炼全身体力和耐力为目标。可以选择以有氧代谢为主的运动项目,如慢跑、中快速步行(30—60分钟)、骑自行车、上下楼梯、爬坡、打羽毛球、踢毽子、拍皮球、跳舞、广播体操、跳绳和游泳等,可使交感神经兴奋,血浆胰岛素减少,而儿茶酚胺、胰高血糖素和生长激素分泌增加,抑制甘油三酯的合成,并促进脂肪分解。以有氧代谢为特征的动力性活动对脂肪肝患者降脂减肥、促进肝内脂肪消退的效果较好。

(二)掌握适当的运动量、运动时间和频率

脂肪肝患者应根据运动后劳累程度和脉搏选择适当的运动量,以运动时脉搏加快,运动后疲劳感于10—20分钟内消失为宜。运动量以中等强度为适宜,即运动时呼吸、心率增快,并感轻度疲劳,轻微出汗,但不应感到头昏、呼吸困难或呕吐等。而在运动后疲劳感可很快消失,精力、体力和食欲均保持良好。运动时间每次不少于30分钟,每周运动3次。

锻炼后如果有轻度疲劳感,但是精神状态良好,体力充沛,睡眠好,食欲佳,说明运动量是合适的。如果锻炼后感到十分疲乏,四肢酸软沉重,头晕,周身无力,食欲欠佳,睡眠不好,第二天早晨还很疲劳,对运动有厌倦的感觉,说明运动量过大,需要及时调整。

锻炼过程中如果出现呼吸困难、面色苍白、恶心呕吐等情况,应立即停止运动,必要时采取相应的处理。如果为急性脂肪肝或脂肪性肝炎活动期,或伴有肝肾心功能不全等情况时,应适当控制和减少运动量,以休息为主。

三、遵守循序渐进原则

无论运动治疗还是饮食治疗,都不可求之过急,避免物极必反。应当遵守循序渐进原则,尤其是在运动量和运动时间的把握上,应逐渐递增。

用"强度×时间"表示运动量来看,强度高的运动持续时间要比较短,如果强度低则持续时间就要长,应按照脂肪肝患者的生活背景和肥胖程度考虑时间和强度的搭配。运动量渐增,并做到有恒、有序和有度,每次锻炼时必须完成规定的运动指标。同时,根据身体状况和病情变化适当调整,以达到既发挥治疗作用,又避免不良影响的良好效果。

第四节　高血压

高血压是最常见的心血管疾病,不仅患病率高,而且可引起严重的心、脑、肾的并发症,是脑卒中和冠心病的主要危险因素。动脉压随年龄增加而增加,同时心血管疾病的死亡率和危险性也随血压水平的升高而逐渐增加。世界卫生组织推荐的高血压诊断标准是:收缩压(高压)大于或等于 18.67 千帕(约 140 毫米汞柱),舒张压(低压)大于或等于 12 千帕(约 90 毫米汞柱)。

一、高血压病的发病因素

在我国,高血压的患病率北方高于南方,东部地区高于西部地区。随年龄上升,35 岁以后升高幅度较大,性别差异不大,中年以后男性发病率略高于女性。流行病学研究表明,过量饮食、膳食成分不合理、遗传、精神、心理不平衡以及社会因素等与血压升高有关。

流行病学调查提出高血压病与下列因素有关。

(一)遗传因素

父母均为正常血压者,其子女患高血压的概率为 3.1%,而父母均有高血压者,其子女的患病概率为 46%。成年人高血压病人中,兄弟姐妹有 65% 同患高血压病,这说明高血压有一定的遗传性。

(二)膳食因素对高血压的发生也有一定的影响

大量研究显示,食盐摄入量与高血压的发生密切相关。高钠摄入可使血压升高,而低钠摄入可降压。并非所有人都对钠敏感,除钠的摄入量,还有遗传因素。

(三)体重指数与血压呈正相关

向心性肥胖多见于男性,表现为腰围大于臀围,与胰岛素抵抗有关,常伴有高血压。患者空腹和葡萄糖负荷实验时胰岛素浓度升高,这些征象被称为胰岛素抵抗综合征。肥胖病人的脂肪细胞对胰岛素有较大的抵抗性,对胰岛素的需求量增多,因而肥胖者胰岛素分泌亢进是一种适应性反应,这是该综合征的共同基础。高胰岛素血症可引起高血压。

(四)吸烟者的高血压患病率较不吸烟者为高

吸烟可导致血压升高,主动吸 1 支烟,收缩压增加 1.33—3.33 千帕(约 10—25 毫米汞柱),每分钟心跳增加 5—12 次。这是因为烟中所含的有毒物质尼古丁,微量元素镉、镍等兴奋血管运动中枢,使小动脉收缩,外周阻力增加,进而使血压升高。如果长年大量吸烟,会导致小动脉的持续收缩,血管壁变厚、硬化,血压居高不下。我国人口吸烟率高,是控制高血压发病的一个非常不利的因素。

（五）年龄与职业因素对高血压的发生有一定的影响

城市高血压患病率高于农村；经济收入高的阶层较收入低、文化程度低的阶层患病率高；心理紧张，如司机、高空作业者、会计等患病率高。心理应激使血压短暂地升高是人体的基本生理反应之一，长期持续的心理刺激是否会导致高血压病在医学界还有争议。

二、体育活动对高血压病的作用

作用于大脑皮质和皮质下血管运动中枢，使血压下降。据希特里克实验，医疗体操可改善高血压患者的无条件的血管反射，改变血管运动中枢的功能状态，使血压趋于正常。有人认为，骨骼肌经训练后，对末梢血管的适应性有所改变，从而起到降压的作用。

调整自主神经系统的功能，降低对肾上腺素能的反应性。有氧活动可以降低血管平滑肌细胞对运动的反应性，能使血管平滑肌放松，血压因而下降。

高血压患者常有外周血管阻力增高，通过体育活动有节律的肌肉收缩和松弛，放松而协调的全身运动可反射性降低外周血管的张力，扩张血管，降低血压。

情绪激动是引起血压波动的原因之一，通过体育、娱乐活动可以改善患者的不良情绪，从而减少血压的波动。

三、运动处方

（一）锻炼目的

增强神经系统调整血管收缩的能力，缓解头晕等常见症状，并降低高血压并发症的发生率。有些高血压患者由于过度担心运动中可能会发生的突发事件，所以不去参与户外的体育锻炼。专家认为，其实适当的运动对高血压患者是有益无害的。运动可以调整大脑皮质的兴奋与抑制过程及改善机体主要系统的神经调节功能，降低毛细血管、微动脉及小动脉的张力，调节血液循环，降低血压。

（二）锻炼内容

主要选用中低强度步行、慢跑、太极拳、医疗体操、羽毛球、骑自行车等；辅助放松练习：太极拳（剑）、柔力球、徒手体操。有氧代谢运动为最佳选择，据专家介绍，高血压病康复的体育运动类型选择要以有氧代谢运动为原则。要避免在运动中做推、拉、举之类的静力性力量练习或憋气练习。应该选择那些有全身性的、有节奏的、容易放松、便于全面监视的项目。有条件的可利用活动跑道、自行车功率计等进行运动。较适合高血压病康复的体育运动种类和方法有气功、太极拳、医疗体操、步行、健身跑、有氧舞蹈、游泳、娱乐性球类、郊游、垂钓等。

（三）锻炼强度

锻炼时"适宜心率"为120—130次/分，但在开始时心率可以稍低，一般为90—100次/分。高血压患者降压都有效。有研究表明，50％VO_{2max}的强度较75％VO_{2max}的强度降压效果明显。运动强度太大，甚至力竭性运动，反而会使整个运动训练后的血压升高。所以，运动强度一般以轻、中度为宜，有人提出将血浆中乳酸堆积时的运动水平作为运动强度，效果更为可靠。

（四）锻炼持续时间

从事主要锻炼内容的持续时间不少于30—40分钟。每次运动时间以30—60分钟为宜；每周3次以上即可产生降压效应。Nelson发现，每周运动7次的训练比每周运动3次的降压效果明显。Jennings等研究表明，对于缺乏体力活动的正常人和高血压患者，参加每周3次、每次30分钟、运动强度为60％—70％VO_{2max}的踏自行车训练，血压可下降1.3/0.9千帕，每周7次的同样运动仅使血压下降略有增加，为1.6/0.9千帕，但体能的增加明显高于每周3次的运动者。有学者认为运动训练的降压效应至少在训练1—2周后才能出现，训练5周左右血压达到稳定状态。Meredith等也发现，在1个月训练中，血压下降在第2周达最大限度，并在以后2周保持稳定，而VO_{2max}在1个月的过程中持续增加。Motoyama等研究发现小强度运动训练3个月时，老年高血压患者血压显著降低，在9个月时稳定在较低水平上；如果停止运动，其血压在1个月内快速恢复至运动前水平。因此，高血压病的运动治疗必须长期坚持。

（五）锻炼频率

开始阶段3—4次/周。

（六）辅助放松练习

太极拳等，心率低于110次/分，运动时间为20分钟，可以每天进行。

（七）注意事项

特别注意，重症高血压和有严重并发症时期不要运动。每次室外锻炼时，切忌做鼓劲憋气、快速旋转、用力剧烈和深度低头的运动动作。在每次锻炼前都要有10—15分钟的准备活动，主要内容采用辅助放松练习等。锻炼结束以后也要有10分钟左右的放松练习。锻炼的整个周期一般以3个月为宜。锻炼的时间建议在上午 8—10 时之间或者下午 4—6 时之间进行。在运动中如出现以下情况时要立即停止运动(心脏不适,气短,心率超过 130 次/分)。

第五节　糖尿病

糖尿病的运动疗法历史久远。早在公元前 600 年印度医生 Shushruta 就指出运动对治疗糖尿病有良好作用。我国隋朝(公元 610 年)巢元方的《诸病源候论》对"消渴病"主张"先行一百二十步,多者千步,然后食之"。20 世纪 30 年代,用胰岛素治疗糖尿病后,Joslin 形象地用"三驾马车",即饮食、运动与胰岛素来表示治疗糖尿病的三种疗法,或称糖尿病治疗的三大法宝。运动对糖尿病的治疗效果已得到肯定,许多病情较轻的患者,仅通过饮食和运动治疗可有效控制病情。

一、运动控制糖尿病的可能机制

(一)调节碳水化合物代谢

碳水化合物为肌肉运动的主要能源物质。运动中血糖平衡的调节十分复杂,运动有以下作用。

1. 运动时,肾上腺素能使受体兴奋,抑制胰岛素分泌,血浆胰岛素浓度下降,一方面有助于抑制不运动肌肉对糖的利用,另一方面肌肉运动促进局部血流增加,增强胰岛素与肌细胞膜上受体的结合力,结果少量胰岛素就能使葡萄糖进入肌细胞。

2. 运动时,在胰岛素浓度下降的协同下,胰高血糖素分泌增加和儿茶酚胺浓度增加,都能促进肝糖原分解和糖异生,升高血糖。同时儿茶酚胺使脂肪酸动员和氧化增加,肌肉利用糖下降而使血糖升高。血浆中一系列激素变化的幅度与运动强度有关,皮质醇与生长激素的变化在长时间运动时较为显著。总之,经常的耐力运动可使肌细胞的胰岛素受体功能增强,改善组织与胰岛素的结合能力(亲和力),能在胰岛素浓度较低时保持较正常的血糖代谢,即增强了胰岛素的作用,被认为对非胰岛素依赖型糖尿病有重要治疗意义。

(二)改善脂质代谢和调节体重

一方面,运动疗法不仅可防治肥胖,还可降低 LDL(动脉硬化危险因子),增加高密度脂蛋白胆固醇;另一方面,Ⅱ型糖尿病患者的体重会或多或少地有所减轻,这是残存的胰岛β细胞的一种防卫反应,以求维持机体的内环境稳定。随着体重的减轻,对胰岛素的需要相应减少。糖尿病症状得到控制和改善时,体重会增加。

（三）增加肌肉毛细血管密度

耐力运动可增加肌肉毛细血管密度,从而扩大肌细胞与胰岛素及血糖的接触面,改善血糖利用。运动还可增加有氧代谢酶活性,改善了碳水化合物的分解利用。运动虽然不能增加胰岛素分泌,但可使血糖水平下降,糖耐量改善。

（四）提高大脑和神经功能

运动可消除紧张,改善病人情绪,保持体力。

二、运动疗法的目的和适应证

目的是改善糖和脂肪代谢,降低血脂、血糖,提高组织对胰岛素的敏感性,增强体力、增进健康、增强信心,预防糖尿病的并发症。

适应证:主要适用于轻度及中度Ⅱ型糖尿病,因此Ⅰ型患者组织胰岛素受体功能降低对发病起着重要作用,而运动能提高胰岛素受体功能,所以有特殊的治疗意义。对于Ⅰ型糖尿病,运动疗法仅有利于对抗运动不足,无特殊治疗意义,并且此型患者血糖不易稳定控制,只能做轻微活动。

禁忌证严重的Ⅱ型糖尿病患者或血糖波动明显的糖尿病患者,运动可使血糖升高,脂肪分解增加,易使病情恶化;有急性并发症的患者,如急性感染、酮症酸中毒等;伴有较重的肾病者,运动会增加蛋白尿,加重肾病的发展;伴有严重的高血压和缺血性心脏病者,运动会加重心脏负担,诱发心绞痛甚至心肌梗死,故必须在医生的监督下进行活动;伴有严重的眼底病变者,运动量过大会加重眼底病变,增加眼底出血的机会;另外还有合并心、肝、肾衰竭,严重的心脏病变及肺功能障碍者。

三、糖尿病运动处方(适用于Ⅱ型糖尿病)

（一）锻炼目的

1. 改善碳水化合物和脂肪代谢,提高肌肉对葡萄糖的利用率,降低血脂、血糖和尿糖。

2. 改善胰岛素受体的敏感性,逐渐减少口服降糖药和胰岛素的用量。

3. 增强体力和抵抗力,防止和减少感染。

(二)运动类型

有三种运动类型:体力(耐力)锻炼、提高强度的锻炼和柔韧锻炼,见表 5-2。

表 5-2 糖尿病运动疗法的运动类型

体力锻炼		强度锻炼	韧性锻炼
散步	慢跑	健身操	伸展运动
跑步	游泳	举重	瑜伽功
骑自行车	跳绳		柔软体操
滑雪	滑冰		
划船	攀登		
溜旱冰			

最适合糖尿病患者的运动是持续、适量和规律的有氧运动。例如,骑自行车、散步、慢走、跑步、打羽毛球、游泳等中低强度的有氧运动,可以增强心肺功能,降低血脂,增加能量消耗,降低血糖,改善血液循环,提高胰岛素敏感性。适合糖尿病患者的运动方式有慢步走、保健操、老年迪斯科或适当的家务劳动,散步和伸展运动是最简便、安全、实用的运动方式。

糖尿病患者不宜选择爆发用力和静止用力等无氧运动项目,如举重、射箭、快速跑等短时间剧烈用力且屏住呼吸的运动。

(三)运动强度

运动强度过低,能量代谢以利用脂肪为主,对糖代谢影响较小;运动强度过高则开始时使血糖明显上升,以后又使血糖过度下降,甚至引起低血糖反应。中等强度的运动锻炼,对降血糖和尿糖有明显作用,这是糖尿病运动疗法特点之一。另一特点是运动中全身肌肉都应得到锻炼,以利于肌肉对葡萄糖的利用。因此,运动强度相当于$(50\%-60\%)VO_{2max}$,每次持续 20—30 分钟,可逐渐延长至 1 小时,并要有准备活动及整理活动。表 5-3 是以 60 分钟运动时间为基础的运动强度分级表,表 5-4 为运动交换表。

表 5-3　以 60 分钟运动时间为基础的运动强度分级

运动强度	相对强度		
	VO_{2max}	最大心率	相对强度值
极轻	<20	<35	<10
轻度	20—39	35—54	10—11
中度	40—59	55—69	12—13
重度	60—84	70—89	14—16
极重度	>85	>90	17—19
最大程度	100	100	20

表 5-4　运动交换表

运动强度	运动项目	持续时间(分钟)
极轻	散步、乘车、一般家务	30
轻	步行、下楼梯、广播体操、平地自行车	20
中度	走步、慢跑、坡路骑自行车、滑雪、滑冰、打排球、登山	10
中强度	马拉松长跑、跳绳、打篮球、游泳	5

糖尿病患者最好养成做运动日记的习惯,以判断运动量是否合适以及对运动量作出相应调整。

1. 运动量适宜:运动后微汗,轻松愉快,食欲、睡眠良好,虽稍感疲乏、肌肉酸痛,但休息后可消失,次日体力充沛,有运动愿望。

2. 运动量过大:运动后大汗,头晕眼花,胸闷气短,非常疲倦,脉搏在运动后 5 分钟尚未恢复,次日周身乏力,无运动愿望。

3. 运动量不足:运动后身体无发热感,无汗,脉搏无变化或在 2 分钟内恢复。

(四)注意事项

1. 应将运动疗法与控制饮食和药物治疗相结合。通常先实施饮食控制及必要的药物治疗,待血糖和尿糖得到适当控制后,再开始运动疗法。

2. 避免空腹及在注射胰岛素 60—90 分钟内运动,以免引起低血糖反应。

3. 运动时,对易发生低血糖者,可在运动前或中间增加饮食,也可在运动时随身携带些饼干或水果糖，待低血糖时使用。

4. 避免在运动肢体（腿部）注射胰岛素。

5. 糖尿病人运动疗法一定要在医务人员指导下进行，不鼓励盲目运动，并要教会病人密切注意尿糖及症状变化。

（五）糖尿病人在家可做运动

1. 踮脚尖运动：将手扶在椅背上，踮脚尖（左右交替提足跟）10—15 分钟。

2. 爬楼梯运动：背部伸直登楼梯，速度依个人体力而定。

3. 坐椅运动：屈肘两手扶上臂将背部挺直，椅上坐、立反复进行，时间依个人体力而定。

4. 抗衡运动：双手支撑在墙壁上，双足并立使上体前倾，以增加肌肉张力。每次支撑 15 秒左右，做 3—5 次。

（六）勃氏运动

通过改变身体姿势来达到循环的效果，其练法有三步。

第一步，运动者平躺床上，将脚抬高（可用棉被或枕头将脚部垫高），等脚感到发麻时再慢慢坐起来。

第二步，坐在床沿上两脚下垂，做足踝部晃动。

第三步，直到脚尖感到刺麻时，运动者再平躺回床上。

第六节　颈椎病

在当今社会科技越来越发达、人们生活的节奏越来越快的时代，对于那些长期劳累工作不能很好得到休息的人们来说，渐渐地，一些劳损性疾病越来越多地影响着人们的正常生活。一些长期伏案工作的人们患有颈椎病的概率很大。因此针对颈椎病不只是要想办法治疗更要积极地去预防它的发生，预防比治疗更有效。

一、产生原因

现代人容易患颈椎病是现代人的生活、工作方式改变引起的。电视机、电子游戏机的出现，使得许多人户外活动减少，电子计算机的诞生及广泛应用产生了大量长期伏案工作的新工种，例如财务工作人员、计算机软件设计人员等，以及随着汽车广泛、快速进入家庭，人们乘车、驾驶的时间大大增加，这些改变的结果，使得颈椎长时间处于僵硬、屈曲的状态，增加了椎间盘的压力，加速了其退变，导致了颈椎病的发病率大大增加。颈椎病也是中、老年人常见病、多发病之一。据统计，其发病率随年龄升高而升高。在颈椎病的发生发展中，慢性劳损是罪魁祸首，长期的局部肌肉、韧带、关节囊的损伤，可以引起局部出血水肿，发生炎症改变，在病变的部位逐渐出现炎症机化，并形成骨质增生，影响局部的神经及血管。外伤是颈椎病发生的直接因素。往往在外伤前人们已经有了不同程度的病变，使颈椎处于高度危险状态，外伤直接诱发症状发生。不良的姿势是颈椎损伤的另外一大原因。长时间低头工作，躺在床上看电视、看书，喜欢高枕，长时间操作电脑，剧烈地旋转颈部或头部，在行驶的车上睡觉，这些不良的姿势均会使颈部肌肉处于长期的疲劳状态，容易发生损伤。颈椎的发育不良或缺陷也是颈椎病发生不可忽视的原因之一，亚洲人种相对于欧美人来说椎管容积更小，更容易发生脊髓受压，产生症状。在单侧椎动脉缺如的患者，椎动脉型颈椎病的发生率几乎是 100%，差别的只是时间早晚的问题。另外，颅底凹陷、先天性融椎、根管狭窄、小椎管等均是先天发育异常，也是本病发生的重要原因。了解了导致颈椎病的原因，我们就要在日常生活和工作中加以预防。

二、注意事项

没有颈椎病却经常容易劳累，做的工作是易引发颈椎病的人应该在日常生活中注意以下五个事项，及早的防治比已经患有颈椎病后再去治疗要好。能一直保持良好的生活习惯，不过度劳累，就能有效地远离颈椎病的困扰，从而获得身心健康。

第一，加强颈肩部肌肉的锻炼，在工作空闲时，做头及双上肢的前屈、后伸及旋转运动，既可缓解疲劳，又能使肌肉发达，韧度增强，从而有利于颈段脊柱的稳定性，增强颈肩顺应颈部突然变化的能力。

第二，纠正不良姿势和习惯，避免高枕睡眠，不要偏头耸肩，谈话、看书时要正面注视。要保持脊柱的正直。

第三，注意颈肩部保暖，避免头颈负重物，避免过度疲劳，坐车时不要打瞌睡。

第四，及早彻底治疗颈肩、背软组织劳损，防止其发展为颈椎病。

第五，劳动或走路时要避免挫伤，避免急刹车时头颈受伤，避免跌倒。

另外，专家建议尽量增加户外运动、休闲时间，改变坐具与屏幕的高度关系，使人以平视屏幕,伏案工作或看电视节目40—60分钟,应抬头远视、同时头颈略后仰1—2分钟,也可同时做自我颈部保健按摩操3—5分钟。连续坐车、驾车40—60分钟同样需要颈部休息,做自我颈部保健按摩操3—5分钟,这样可以减轻椎间盘的压力,放松颈部肌肉,阻止椎间盘退变加快。另外睡眠姿势不当也是导致颈椎病发生一个重要因素,睡眠的枕头要求透气,柔软适度,不可过高,以仰卧时颈部不过度前屈、保持正常的生理弧度,侧卧时头颈不过度侧屈而与躯干保持平直为最佳。还需要提醒的是,保持颈部的适当温度,防止寒冷、潮湿引起颈部肌肉痉挛,也是防止颈椎病发生一个重要因素。

三、健康干预

(一)仰望观天

取站位或坐位,两手叉腰,头颈后仰观天,并逐渐加大幅度。稍停数秒钟后还原。共做10次。

(二)左顾右盼

取站位或坐位,两手叉腰,头颈轮流向左、右旋转。每当转到最大限度时,稍稍转回后再超过原来的幅度。两眼亦随之尽量朝后方或上方看。两侧各转动10次。

(三)"米"字操

用下颌写一个"米"字,幅度要尽可能大,动作宜缓慢柔和,不宜急快,共写10次。

(四)与项争力

取站位或坐位,双手交叉紧抵头后枕部。头颈用力后伸,双手则用力阻之,持续对抗数秒钟后还原。共做10次。

另一种方法是:取站位或坐位,两手于头后枕部相握,前臂夹紧两侧颈部。头颈用力左转,同时左前臂用力阻之,持续相抗数秒钟后放松还原,然后反方向做。各做10次。

(五)自我按摩

1. 按摩百会:用中指或食指按于百会穴,用力由轻到重按揉20—30次。功效:健脑宁神,益气固脱。

2. 对按头部:双手拇指分别放于太阳穴,余四指分开,放在两侧头部,双手同时用力做对按揉动 20—30 次。功效:清脑明目,振奋精神。

3. 按揉风池:用两手拇指风池穴,余手指附在头两侧,由轻到重地按揉 20—30 次。功效:疏风散寒,开窍镇痛。

4. 拿捏颈肌:手上举置于颈后,拇指放于同侧颈外侧,余四指放对侧,用力对合,将颈肌向上提起后放松,沿风池穴向下拿捏至大椎穴 20—30 次。功效:解痉止痛,调和气血。

5. 按压肩井:以中指指腹按于对侧肩井穴,由轻到重按压 10—20 次,两侧交替。功效:通经活络,散寒定痛。

6. 按摩大椎:四指并拢放于上背部,用力反复按摩大椎穴各 20—30 次,至局部发热,功效:疏风散寒,活血通络。

7. 按内、外关:一手拇指尖放在另一手内关穴,中指放在外关穴,对合用力按揉 0.5—1 分钟,双手交替。功效:宁心通络,宽胸行气。

8. 揉合谷:将一手拇指指尖放在另一手的合谷穴,拇指用力掐揉 10—20 次,双手交替。功效:疏风解表,开窍醒神。

9. 按摩头顶:双手五指微曲放在头顶两侧,稍加压力从前发际沿头顶至脑后做"梳头"状动作 20—30 次。功效:提神醒目,清脑镇痛。

10. 医正骨推拿疗法:根据体质、年龄、症状、体征等因素选择正确的正骨推拿手法,如孙氏颈椎不定点旋转松解手法,每周治疗 1—2 次。针对肌肉疲劳,采用舒筋活络的手法放松最为适宜。

11. 针灸疗法:腹针疗法:中脘、关元、商曲(双)、滑肉门(双)等标准处方施治,可根据不同分型适当加穴,每日 1 次,连续 3 天,以后根据体质、年龄、症状、体征等因素辨证加减,每周治疗 1—2 次。

12. 四子散热熨疗法:选取四子散中药:吴茱萸、苏子、白芥子、莱菔子各 30 克,加粗盐 120 克炒热后热熨颈肩背部,每日 1 次。

13. 中药沐足疗法:根据中医辨证选取相应的中药处方,每日 1 次,连续 3 天;以后根据体质、年龄、症状、体征等因素辨证加减,每周治疗 1—2 次。

发病者根据病情采用非手术疗法和手术疗法。大部分患者保守治疗有效,中医的推拿、针灸、火罐、中药内服外用,牵引以及理疗等都是有效方法,在医生指导下优化选用。少数重症患者需加用手术治疗。

第六章
健康体适能与膳食营养

本章主要介绍如何科学合理地饮食,以及各种食物的热量,中国居民膳食指南,以及其他和健康相关的饮食内容。

第一节 科学饮食

"吃"与人俱生,与人并存。"吃"是人们维持生命的头等大事,谈"吃"的问题,首先要谈谈人为什么要"吃"?正确的回答应该是:为了摄取维持生命和各种生理活动所需要的营养而"吃"。

"营养就像日记或工资表一样,是每个人的切身问题。它能决定你的容貌、言行与心情,无论你是忧郁或快乐、美丽或平庸、思路清晰或混乱、心理或生理的年轻或衰老;对工作感到愉快或厌烦;创新求变或是墨守成规等,都与营养有关。每天所吃的食物,可以决定你在一天的工作后,是精神愉快还是精疲力竭。简单地说,它能影响你的人生,营养越好,收获越丰富……"美国著名营养学家阿德勒·戴维斯在其畅销全球的营养学专著《吃的营养科学观》中说。

何谓"吃饱"和"吃好"呢?各人的理解很不一样,从营养学的观点来说,"吃饱"就是满足人体对热能的需要,"吃好"就是一日三餐所提供的各种营养,能满足人体生长发育、生理活动及从事体力劳动和脑力劳动所需的各种营养,保证人体的新陈代谢,能吃出健康,延年益寿。

中国有句古话:"民以食为天。"吃饭不仅与人的生命和身体健康息息相关,而且与民族的兴旺,社会经济的发展紧密相连。

当前我国的经济发展,人们的生活水平有了很大的提高,卫生条件得到普遍改善,许多传染性疾病没有了。但是,事物往往具有双重性,近年来,却出现了过去很少有的营养性疾病,如:肥胖、糖尿病、高血压、高脂血症和冠心病等,这些"富贵病"也有人称为现代"文明病",已成为人类健康的头号杀手。所谓"一胖百病缠"之说并不夸张,已知与肥胖相关的疾病,有几十种之多。肥胖还能引起精神心理上的异常。肥胖,带来求职、求偶的困难,与人交往减少,生活失去色彩等等。还有人错误地认为,大鱼大肉才是营养,筵席越丰盛,也就越有营养,甚至追求高档次、高标准的吃喝,如此无节制地猛吃、猛喝,其危害十分严重。

饮食能养身治病,亦能伤身致病。因此我们应当讲究合理膳食,食物相宜,烹调得法,良好的饮食习惯,注意饮食的心理卫生等。

第二节 膳食常识

一、膳食的基本知识

(一)合理膳食

我们的祖先早在两千多年前的《黄帝内经》一书中指出:"五谷为养,五果为助,五畜为益,五菜为充。气味合而服之,以补精益气。"这是世界上最早的合理、平衡、完善的膳食总结。

食物必须富于营养,即必须含有营养素,不含营养素的物品,不能称为食物。健康依赖于营养,营养依赖于食物。

目前,国内外营养学家一致认为:人体需要的营养素有 40 多种,自然界没有任何一种食物能全面提供这许多营养素。要吃好,就要讲究膳食营养结构的合理和平衡。因此我们的膳食必须将各种各样的食物合理搭配和烹调得法,才能获得这许多营养素。

食物要杂、要新鲜,要粗细、果蔬、荤素、干稀搭配合理,饥饱适度,量出而入,才能保持人体内环境能量的生态平衡。

合理烹调是非常重要的。烹调使食物的成分发生非常复杂的变化。合理加工,科学烹调,能减少营养素的损失,烹调改变了食物的色、香、味、形后,能增加食欲,利于消化、吸收。不科学的烹调方法,会造成营养素的大量损失。

(二)平衡膳食

"食以衡为先",平衡膳食,就是指膳食中提供的各种营养素,不但数量充足,而且营养素之间应保持适当的比例,使膳食更适合人体生理的需要。为了达到平衡膳食,人们每天的膳食应包括下列三类食物:

1. 供能性食物：主要是谷类食品及油脂等；

2. 结构性食物：主要是畜禽、水产、蛋、奶等食品；

3. 保护性食物：主要是各种蔬菜、水果等。

还应有合理的膳食制度，如在一日三餐中，提倡：早餐要吃好，中餐要吃饱，晚餐要吃少。

平衡膳食与维持人体内环境的酸碱平衡关系密切，食物有酸碱之分。动物性食品及谷类食品，多为酸性食物。蔬菜、水果类，多为碱性食物。中国人的膳食主要是谷类淀粉，还有动物性食品，这些都是酸性食物。因此，容易影响人体内环境的酸碱平衡，影响健康，甚至引起疾病。为了保持人体内环境的酸碱平衡，必须注意酸性食物和碱性食物的适当搭配，一般可按一份荤食与四份素菜搭配为宜，即 1 份酸性食物搭配 4 份碱性食物。所以我国的《膳食指南》中强调"食物多样，荤素搭配，素食为主"的精神。

（三）什么叫能量，一个人每天需要多少能量

能量又称热能。人体如同一台机器，在运转和工作时，需要能量供给，机器的能量供给是燃料或电，人体的能量来源是一日三餐中的碳水化合物（即糖）、脂肪、蛋白质三大产热营养素。

营养学计算能量的单位：千卡。

1. 每克碳水化合物（即糖）：能提供能量 4 千卡。

2. 每克脂肪：能提供能量 9 千卡。

3. 每克蛋白质：能提供能量 4 千卡。

成年男子（体重 60 千克计）：每天需要 2400—4000 千卡。

成年女子（体重 53 千克计）：每天需要 2200—3200 千卡。

人体消耗能量可分两个方面：一是维持人体新陈代谢的各种生理活动，二是供给人体各种机能活动，如：体力劳动和脑力劳动等。由于各人的个体差异和活动量的大小不等；因此，每人每日摄取的能量和消耗的能量各不相同，但是供应的能量和消耗的能量必须保持相对平衡，量出而入，才能保证身体胖瘦适宜，体重合理。如一旦失衡，轻者导致身体消瘦或肥胖，即体重减轻或增加。重者导致许多疾病提早发生，并加速进展，严重影响健康甚至生命。

第三节　营养素与消化

一、七大大营养素

（一）碳水化合物（即糖）

人的一生离不开糖，糖类是一个大家族。第一种：单糖，如：葡萄糖、果糖和半乳糖。第二种：糖，如：蔗糖、麦芽糖和乳糖。第三种：多糖，包括淀粉、纤维素和糖原。

营养学称糖为"碳水化合物"。碳水化合物是人体组成的重要成分之一。是人体产热的三大营养素中的主角，人体需要的能量 60%—70% 来自碳水化合物。我们的一日三餐，主食是粮食，粮食中含有大量的淀粉——碳水化合物，人们膳食中的碳水化合物大大多于脂肪和蛋白质，碳水化合物在人体内转化的热能，不仅数量多，而且速度快，脂肪和蛋白质在人体内转化成的热能相对比较少。糖类家族的各个成员都有各自的绝招，对人体都能作出特殊贡献。可以说没有糖（碳水化合物），人就活不了了！

但是碳水化合物也不是越多越好，如摄入过多，也不利于健康，并会转化成脂肪，贮存在皮下，以致人体发胖，甚至引起营养过剩性疾病。

（二）脂肪

脂肪是人体组成的重要成分之一，也是机体供给和贮存能量的主要物质。脂肪俗称油脂，可分二大类：中性脂肪和类脂（主要是胆固醇和磷脂）。

各种食物中几乎都含有一定数量的脂肪，我们从食物中获得的脂肪，有相当一部分是烹调用的油脂，烹调常用的油脂有动物油和植物油两种，它不仅是调味品，而且是饮食中不可缺少的一种营养素，合理地食用油脂是非常重要的，如：食用油脂过少会影响身体健康，食用油脂过多则会发生营养过剩，引起许多疾病。

由于动物性油脂都是饱和脂肪酸，饱和脂肪酸会使胆固醇附着在血管壁上，引起血管性疾病和心脏病。而植物性油脂含有不饱和脂肪酸，又称必需脂肪酸，是人体内不能合成的脂肪酸，必须由膳食中供给，不饱和脂肪酸能减少胆固醇在血管壁上附着，因此能保护血管、保护心脏的健康。所以说不饱和脂肪酸具有很高的营养价值。

人体内的胆固醇既不能少，也不能多，胆固醇对人体既有功又有过，有人称功过各半。人体内的胆固醇来源可分外源性和内源性两个方面。

营养学专家建议在每日的膳食中，脂肪的摄入量不超过总热量的 25％ 为宜，胆固醇的摄入量不超过 300 毫克为宜。

（三）蛋白质

蛋白质是生命的物质基础，人体所有的组织和器官主要由蛋白质构成，人体的一切生命活动，都离不开蛋白质，可以说，没有蛋白质，就没有生命。蛋白质占成人体重的 18％ 左右。

蛋白质是由 20 多种氨基酸合成的，这 20 多种氨基酸有的可在体内合成或转化，有的不能在体内合成，其中有 8 种氨基酸，必须由食物供给，称必需氨基酸。一般地说，动物性食品中所含的蛋白质——氨基酸，在成分和样式上接近人体的需要，因此说，营养价值较高。植物性食品中所含的蛋白质——含有必需氨基酸，也非常重要，是维持生命活动不可缺少的重要物质，如将谷类食品与豆类食品混合食用，所含的氨基酸能得到互相补充，改善蛋白质的质量，提高其营养价值。

（四）维生素

维生素也称维他命，是在 20 世纪初才发现的营养素，是维持人的生命与健康所必需的有机化合物，人体对它的需要量很少，一天总共不超过 200 毫克。

维生素的家族很庞大，到目前为止，已发现的维生素有几十种，其中可分为脂溶性维生素和水溶性维生素两大类。前者包括维生素 A、D、E、K 等，后者包括维生素 B1、B2、B6、B12、维生素 C、烟酸、叶酸、泛酸等，人体内不能合成维生素或合成量很少，因此必须从膳食中获得。人体如缺乏某种维生素，就会引起代谢紊乱，发生维生素缺乏症，影响身体健康。维生素对人体的作用十分重要，但并不是越多越好，如维生素 A、D 过多，也会严重影响身体健康。

（五）必需矿物质元素

必需矿物质元素是维持人体正常生理功能不可缺少的重要元素，人体内的矿物质元素约占体重的 4％，根据它们在人体内的含量多少，大致可分为常量元素和微量元素两大类。

常量元素包括钙、磷、钠、氯、镁、钾、硫等 7 种，既是构成人体组织的基本元素，又是维持体内酸碱平衡、调节各种生理机能的重要元素。

微量元素包括铁、铜、锌、钴、锰、铬、硒、钒、碘、氟、硅、镍、锡、钼等 14 种，它们在人体内含量极少,只占体重的 0.01%,可是人体却不能缺少这些元素,如果缺少,就会影响健康,发生疾病。

矿物质元素主要从食物和水中获得,在我们的膳食中容易引起人体缺乏的矿物质元素有钙、铁、锌、硒、碘等。

（六）水

"水是生命的源泉"。人体内的水分约占体重的 60%,水是人体内含量最多的一种化学物质,人对水的需要仅次于氧气,小孩体内水较多,成人体内水较少,瘦子体内水较多,胖子体内水较少。人们对水在人体中的作用,往往以为是止渴而已,其实水还有更大更重要的作用呢!

水是人体各种细胞和体液的重要组成部分,人体的许多生理活动一定要有水的参与才能进行,水是运输媒介,它可以将氧气和各种营养素直接或间接地带给人体各个组织器官,并将新陈代谢的废物和有害有毒的物质通过大小便、出汗、呼吸等途径即时排出体外,水是人体的润滑剂,使人体各种组织器官运动灵活、食物能够吞咽。水还有调节人体酸碱平衡和调节体温的重用作用等。

人体内的水,既不能少,也不能多,应保持相对平衡。成人每天排出的水分,平均为 2500 毫升,因此人们每天必须补充相对数量的水分,要克服不渴就不喝水的不良习惯。如果人体失水超过体重的 2% 时,即感到口渴,失水超过体重的 6% 时,身体会出现明显异常,失水超过体重 12%—15% 时可引起昏迷,甚至死亡。如人体内水分过多,即会发生水肿,引起疾病。

人们的饮用水,过去只有硬水和软水之分,现在是五花八门,什么矿泉水、纯净水等等,由于市场宣传的误导,误把饮料当成饮用水,误把纯净水作为健康水。营养专家们一致认为,还是白开水最好!

（七）膳食纤维

食物中不被人体消化酶分解、吸收,不参加人体新陈代谢的非淀粉类多糖与木质素,称为膳食纤维。

膳食纤维具有控制热量、消脂、减肥、排毒养颜、防治大便秘结、改善消化功能及协助糖尿病、高血脂治疗等作用。食物越精细,膳食纤维含量越低。营养调查表明,城市人口人均纤维日摄入量仅为 11.68 克,远远低于我国营养组织推荐量 20—30 克/日。服食膳食纤维已成为人们改善生活质量,促进身体健康不可缺少的健康方法。

二、食物的消化和吸收

食物大多是复杂的不溶解的物质,必须经过消化才能转变成简单的可溶解的营养素,然后为人体吸收、利用。

食物进入口腔后,由舌的搅拌与牙齿的咀嚼,变成小块,食物同时与唾液混合变成食团。

唾液有两方面作用:一为物理作用,使食物润滑易于下咽;二为化学作用,唾液内含有淀粉酶,能使饭、面中的淀粉水解成糊精,由糊精再变成麦芽糖。如:细嚼慢咽,即可感觉到甜味。

食团由口腔经食道入胃,胃中有胃液、主要成分是胃酸和胃蛋白酶,食团与胃液接触后,淀粉酶即失去作用,食物在胃液的消化作用下,变成稀薄的食糜,食物在胃中停留的时间因食物的性质和数量而异。水进入胃中约 10 分钟便能排入小肠,谷类食物(碳水化合物)在胃中停留约 1 小时,蛋白质食物在胃中停留 2—3 小时,脂肪性食物在胃中停留 4—5 小时,因此吃脂肪性食物,感到饱腹,不容易饥饿。

小肠是食物消化过程中最重要的一个环节,在口腔和胃内初步消化过的食物,在小肠内完成最后阶段的消化。小肠中有三种消化液,即胰液、胆汁和肠液。食物在小肠中的消化基本完成,食物中各种营养素也在小肠中被吸收。随后由小肠进入大肠,吸收其水分,形成粪便,排出体外。消化系统简图,见图 6-1。

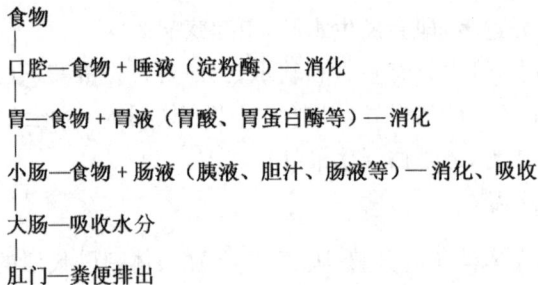

食物
|
口腔—食物＋唾液（淀粉酶）—消化
|
胃—食物＋胃液（胃酸、胃蛋白酶等）—消化
|
小肠—食物＋肠液（胰液、胆汁、肠液等）—消化、吸收
|
大肠—吸收水分
|
肛门—粪便排出

图 6-1　消化系统简图

第四节 中国居民膳食指南

原则:平衡膳食,合理营养,促进健康。

一、食物多样,谷类为主

谷类是中国传统膳食的主体。随着经济的发展、生活的改善,人们倾向于食用更多的动物性食物。应保持以谷类食物为主,并注意粗细搭配,经常吃些粗粮、杂粮,以提供碳水化合物、蛋白质、膳食纤维和 B 族维生素。

二、多吃蔬菜、水果和薯类

蔬菜、水果含有丰富的维生素、矿物质和膳食纤维。薯类含有丰富的淀粉、膳食纤维以及多种维生素和矿物质。

三、常吃奶类、豆类或其制品

奶类除含有丰富的优质蛋白质和维生素外,含钙量很高,而且利用率也很高,是天然钙质的极好来源。豆类是我国的传统食品,含丰富的优质蛋白质、不饱和脂肪酸、钙及多种维生素等。

四、经常吃适量鱼、禽、蛋、瘦肉,少吃肥肉和荤油

鱼、禽、蛋、瘦肉等动物性食物是优质蛋白、脂溶性维生素和矿物质的良好来源。肥肉和荤油为高能量和高脂肪食物,摄入过多往往会引起肥胖,并是某些慢性病的危险因素,应当少吃。

五、食量与体力活动要平衡,保持适宜体重

进食量和体力活动是控制体重的两个主要因素。食物提供人体能量,体力活动消耗能量。如果进食量过大而活动量不足,多余的能量就会在体内以脂肪的形式积存(即增加体重),久之,发胖。相反,食量不足,劳动或运动量过大,可由于能量不足引起消瘦,造成劳动能力下降。

六、吃清淡少盐的膳食

吃清淡少盐的膳食有利于健康,即不要太油腻,不要太咸,不要吃过多的动物性食物和油炸、烟熏食物。

七、如饮酒应限量

高度酒含能量高,不含其他营养素。无节制地饮酒,会使食欲下降,食物摄入减少,可导致多种营养素缺乏症,严重时还会造成酒精性肝硬化,以及增加高血压、中风等危险。

八、吃清洁卫生、不变质的食物

应选择外观好、没有污泥、杂质,没有变色、变味并符合卫生标准的食物,严把病从口入关。

膳食宝塔

每日膳食搭配

第五层:25克油脂类

第四层:300克牛奶或奶制品、30—50克豆制品

第三层:50—75克畜禽肉类、5—100克鱼虾类、25—50克蛋类

第二层:300—500克蔬菜、200—400克水果

第一层:250—400克谷类

附　录
学校健康体适能干预课程实施方案

1. 课程构成与实施步骤

健康体适能干预课程构成为:健康状况调查(问答或问卷)、身体健康筛查、身体运动能力测试、设立训练期望值、签约与守则、干预方法与手段、健康评估 7 个内容,具体见下表 1。

表 1　健康体适能干预课程构成与实施步骤

课程构成	实施步骤
健康状况调查	1
身体健康筛查	2
身体运动能力测试	3
设立训练期望值	4
签约与守则	5
干预方法与手段	6
健康评估	7

(1)健康情况调查:通过提问或问卷的方式了解参与学生的身体情况、生活习惯、行为习惯和健身目标等。主要由以下内容构成:学生的基本资料(姓名、年龄、性别、生日、家庭住址、电话);疾病史(含家族疾病史)及过敏史、服用药物情况;了解肌肉和韧带及关节损伤情况;生活习惯和饮食习惯;心理压力;学生合适的训练时间和相应的健身目标,其中疾病史、损伤、生活习惯和饮食习惯是调查重点。

(2)身体健康筛查:为进一步了解学生的身体状态,教师通过专业的测试工具对参与者身体各部位进行的测量筛查,身体健康筛查的内容为身高、体重、静态心率、血压与心电图、身体围度、身体成分,见表 2。

表 2　身体健康筛查内容

项目	器材	测量部位
身高、体重	体重计	全身
心率、血压、心电图	血压表等	桡动脉、心脏
身体围度	皮尺	胸、腰、臀、腿、上臂
身体成分	皮脂钳	背部、三头肌、髋部、腹部、大腿

（3）身体运动能力测试：教师对学生参加干预前基础体适能情况进行摸底测试，其内容为心血管耐力、肌肉力量、肌肉耐力、柔韧性及平衡性测试，测试的结果进行记录以便于在干预结束后进行对比分析，见表 3。

表 3　身体运动机能测试内容

测试项目	器材	测量方式
心血管耐力测试	心率带	12 分钟跑；台阶测试；功率自行车；跑步机
肌肉力量	固定器械	仰卧起坐；坐姿推杠铃：男 27.5 千克，女 12.5 千克
肌肉耐力	软垫或瑜伽垫	60 秒可以做上面内容的最多次数
柔韧性	柔韧性测量仪	坐姿探伸法
平衡性	秒表	站姿平衡

（4）设立训练的期望值：为参与者确定科学的健身目标，学生都有自身的健身目标，如果学生设立的健身目标过高，通过一些伪科学的方式较快达到健身目标，很容易进入运动和健身的误区。制定合理的科学的健身目标是非常重要的，教师根据学生的基本要求，为学生制定科学的训练目标，这样才能使训练课程的计划和实施具备全面性、科学性、有效性。为学生灌输健康的运动理念，为改善学生的生活习惯、饮食习惯、健身方式及健身目标设立长期或阶段性的目标，这个目标必须通过数值或具体要求体现，并通过（5）中的签约与守则规定的要求去执行。

（5）签约与守则：教师制订全方位的健身计划，健身计划是通过学生的健身目标，根据学生的基本健康数据档案和身体运动机能测试指标做出相应的科学的诊断，制定出的有效的、具有针对性的计划，为课程内容的实施提供最好的依据。健身计划包括长期计划（3 个月、半年、1 年等长期）和短期计划（周训练计划、月训练计划）和饮食计划，整个计划必须要学生签约遵守规则，签约为训练课程的实施和取得一定的效果打下坚实的基础。

（6）干预方法与手段：所选择的练习方法和手段是在精确的健康评估基础上，按照为学生设立训练的期望值所确定的科学的方法和手段，整个方法和手段具备一定的趣味性和实效性，并体现不同对象的区别性。

（7）健康评估：对学生提供精确的健康评估是指要对学生的身体状况进行总结。学生的健康干预训练效果有一定的阶段性，包括平台期、稳定期等。不断地了解学生的身体状况，了解学生的身体围度和身体素质的变化，可以检测学生的训练水平，同时可以督促和激励学生持续锻炼，使学生保持良好心态，尽快实现其健康目标。

2. 课程要素

（1）健康体适能干预课程的构成具有明显的个体差异性。学生的不同健身时间、不同性别，不同学生的身体状态及学生对健身的要求和目标都是不同的。因此，针对学生的诊断、期望值、训练计划、课程内容都应是有差异的。教师应根据不同时间、不同阶段、不同学生的身体形态、肌肉质量、脂肪含量、身体的基本素质指标，对学生进行科学的诊断，规划和设立不同的训练期望值和锻炼目标，制订有效的、有针对性的训练计划。

（2）健康评估贯穿教师课程的始终。对学生提供精确的健康评估是指要对学生的身体状况进行总结。学生的健康干预训练效果有一定的阶段性，包括平台期、稳定期等。不断地了解学生的身体状况，了解学生的身体围度和身体素质的变化，可以检测学生的训练水平，同时可以督促和激励学生持续锻炼，使学生保持良好心态，尽快实现其健康目标。

（3）学生训练的期望值为教学的主线索。健康体适能干预课程从始至终都是围绕学生训练的期望值来进行的。

（4）教学内容与全方位的健身计划的配套。通过健身目标，根据学生的基本健康数据档案和身体测试指标做出相应的科学的诊断，并制订出有效的、具有针对性的训练计划和饮食计划，同时教学内容应与全方位的健身计划相配套，根据学生的基本健康数据档案和身体测试指标、学生设立训练的期望值，及根据锻炼目标设置教学内容。

3. 健康体适能干预课程课时量

课程实施的目标是改变饮食习惯、养成运动习惯、精力充沛、完善体形、提高学习和工作效率、心情愉快，因此在教师课程实施过程中，只有遵循一定的量，才能使学生顺利地达到其训练目标，见表 4。

表 4　健康体适能干预课程课时量

名称	含义	指标
运动频率	重复练习次数	3—5 次
运动强度	练习时目标心率	最大效率 30%—60%
运动时间	练习持续时间	60 分钟左右
运动类型	练习方式	多种手段

4. 课堂组织

健康体适能干预课程组织教学的基本内容是决定教师课程的质量、效果和教师课程维持的最重要的组成部分,科学的、系统的、有效的健康体适能干预课程由以下几方面构成。

(1)热身:是训练课程内容的准备部分。低强度的心血管运动,通过低强度的心肺功能的训练。训练方式:跑步机走或跑、骑自行车和登台阶,进行 5—10 分钟,感觉心跳加快、体温升高或微微出汗。进行低强度的关节和韧带的预热。益处:降低肌肉黏滞性、降低受伤危险,使身体肌肉提前进入工作状态,提高中枢神经系统的兴奋性等。

(2)阻力训练:是训练课程内容的基本部分,也称器械训练。包括肌肉力量和肌肉耐力训练。通过健身器械中的固定器械和自由器械(哑铃和杠铃)练习及踏板、健身球、沙袋等轻器械的不同方式的练习来提高肌肉力量和肌肉耐力,以求达到增加肌肉、减少脂肪的训练效果。

(3)心血管训练:是通过快走、跑、跳、健美操动作等方式或借助跑步机、椭圆仪、登山机等器械的锻炼,使心脏、肺以及血管的功能得到强化和提高,并在多样性的锻炼中,真正体验到运动的快乐和挑战提高人体的心肺功能的训练模式。

(4)恢复运动:是训练课程内容的结束部分,使身体慢慢地恢复到正常心率的过程。可以通过脉搏、察言观色、经验判断等方式,采取慢走、慢跑或节奏较缓的训练来减低心率。

(5)拉伸:其贯穿于训练课程内容的始终。热身运动和恢复运动之后都要做相应的拉伸运动。教师通常采取 PNF 伸展方式,在中国一般称为互动式伸拉,是教师对学生长时间保持肌肉收缩的目标肌肉进行伸展,根据呼吸控制伸拉的强度,共同完成的伸展,合理性拉伸能起到预防身体损伤、减缓肌肉疲劳和肌肉延迟性酸痛的作用。

5. 教学原则

组织教学中的基本原则在健康体适能干预课程中占有特别重要的地位,是在明确教师课程结构特征的基础上,研究和掌握教师课程应遵循的一系列的基本原则。

(1)整体性原则:是健康体适能干预在教学过程中要统一全面地考虑到学生各个方面的要求及训练本身的特点,保证学生积极有效地达到其健身目标。

(2)循序渐进原则:是教学要结合学生的身心发展规律有次序、有步骤地进行训练,使学生能够有效地掌握动作的基本要领,身体得到积极的超量恢复,加速其达到健身目标。

(3)个体差异原则:是指根据不同时间、不同学生及其不同的个性特点和健身目标,采取不同的教学内容和教学方式,区别对待。

(4)互动原则:在组织教学过程中,教师与学生处于协同活动、相互促进的状态,要充分调动学生学习的主动性和积极性。

(5)创造性原则:是健康体适能干预在教学中激发自身的创造性思维并最大限度地调动学生训练的积极性。

(6)反馈调节原则:是指教师与学生从训练的活动中和活动后及时获得反馈信息,以便了解学生在训练中的感受和训练后的效果,调节和控制训练计划,提高训练效果。

参 考 文 献

[1] ACSM's Health-Related Physical Fitness Assessment Manual and Guidelines for Exercise Testing and Prescription Package[M]. American College of Lippincott Williams & Wilkins,2011. 1.

[2] ACSM's Foundations of Strength Training and Conditioning [M]. American College of Sports Medicine. Ratamess, Nicholas Lippincott Williams & Wilkins,2011. 10.

[3] ACSM's Resources for the Personal Trainer[M]. American College of Sports Medicine Lippincott Williams and Wilkins,2013. 2.

[4] ACSM's Complete Guide to Fitness and Health[M]. Human Kinetics Publishers,2011. 5.

[5] Thomas William Lester, Scott M Ronspies. The Relationship Between Physical Activity and Health-Related Physical Fitness Levels in Caucasian and Hispanic Middle School Boys and Girls [M]. Umi Dissertation Publishing,2011. 9.

[6] ACSM's Guidelines for Exercise Testing and Prescription[M]. American College of Sports Medicine Lippincott Williams & Wilkins,2009. 2.

[7] 白刚,沈建国,郑维. 大学体育基础理论与健康教程[M]. 杭州:浙江工商大学出版社, 2009.

[8] 王正珍. ACSM 运动医学检测与处方指南[M]. 北京:人民卫生出版社, 2010.

[9] 王健,何玉秀. 健康体活能[M] 北京:高等教育出版社, 2010.

[10] 裘琴儿. 健康体适能理论与实践[M]. 徐州:中国矿业大学出版社,2010.

[11] 王健,何玉秀. 健康体适能[M]. 北京:人民体育出版社,2008.

[12] 沈剑威,阮伯仁. 体适能基础理论[M]. 北京:人民体育出版社,2008.

[13] 沈华.体适能与运动处方[M].成都:四川大学出版社,2008.

[14] 曲宗湖.美国体育教师关注的一个名词——"体适能"[J].体育教学,2008 (01).

[15] 伊向仁.美国学生体质检测标准应用与影响因素定位 [J].体育学刊,2007 (08).

[16] 徐士强.美国学生体育与健康教育改革－SPARK 项目述评 [J].上海教育科研,2007 (04).

[17] 魏春洋,孟范芳.美国青少年运动计划－VERB 计划[J].中国学校体育,2006 (01).

[18] 张建华,殷恒婵,钱铭佳,等.美国最佳体适能教育计划及其对我国体育课程改革的启示[J].体育与科学,2001 (01).

[19] 张健忠,谢佩娜.美国高校"体适能与健康的原理与应用"探讨与我国高校体育课程改革[J].北京体育大学学报,2003 (02).

[20] 罗平,张剑.美国青少年健康体适能教育计划开发概况[J].上海体育学院学报,2009 (01).

[21] 关英凝,徐晓阳,谢敏豪."Physical Fitness"的中译与辨义[J].北京体育大学学报,2012 (01).

[22] 张建平.体适能概念辨析[J].体育文化导刊,2002 (06).

后 记

　　大学体育教育教学一直处在十分尴尬的境地，一方面，体育是大学中的国家类课程，不管今天的大学办学自主权有多大，哪怕最不喜欢体育的校长也不会轻易地把体育课程砍掉。另一方面，体育教师长期来一直以增强学生体质、增进学生健康为光荣而神圣的使命，却仍改变不了近30年来中国青少年体质健康水平不断下滑之"囧"态。我们的体育教育教学到底怎么了？

　　回顾近30年来的体育教学改革与发展，我们的政府不可谓不重视，从20世纪80年代《学校体育工作条例》的出台，到本世纪《中共中央国务院关于加强青少年体育增强青少年体质的意见》（中发〔2007〕7号）和国务院办公厅《关于进一步加强学校体育工作的若干意见》（国办发〔2012〕53号）等文件的连续颁布与实施，可见政府在青少年身体素质与体质健康问题上的良苦用心。

　　我们的学校体育理论建设不可谓不繁荣，从学校体育目的大讨论，到"三基教学为主还是增强体质为主"的学术争论；从"快乐体育""成功体育""素质教育""阳光体育"各种体育教育思想的提出，到"兴趣课""选项课""专项课""基础课"等各种体育教学模式的实践与探索，我们的体育教学改革不可谓不努力、不积极，为什么就是改变不了"大学学生喜欢体育，不喜欢体育课"这一现实？

　　近闻，为避免学生"猝死"，越来越多的高校加入取消中长跑的队伍，越来越多的学校打着"以学生为本"的幌子，把体育课沦为"嬉玩课""放羊课"。难道长期以来学校体育真的一直承担着"不可承受之重"？这是每位体育教师该认真反思的问题，更是每位教育工作者该认真思考的问题。

　　浙江工商大学是一所有着百年历史的学校，更是有着悠久体育传统的学校。100年前，以郑在常绅士为代表的一批明达之士就深刻地认识到："兵力"和"商力"相辅翼,乃西方列强东来之动力,欲救亡国之劫难,唯有"鼓民力""开民智""新民德"。百年来,学校虽经 16 次易名,12 次迁址,跌宕起伏、波澜壮阔,然共同的精神始终让商业与体育在这里水乳交融、相得益彰。今天,学校一批负有责任感的体育工作者,在总结和吸收国内外高校体育先进经验基础上,开始进行学校体育教育教学整体改革与探索,《健康体适能》教材的编写与课程的开设,无疑是整体改革中的重要内容之一。"健康体适能"是目前国际运动生理学界和世界卫生组织的热点研究课题,它从满足人日常学习、工作和社会生活所必备的体能出发,以个体所存在的"身心问题"为切入点,通过运动处方进行有效干预,来改善个体的身心健康,为个体的幸福生活服务。因此,体育教学引入健康体适能教学,将从根本上改变我们传统的以竞技运动技术为体育课程逻辑体系的做法,使体育教学更具针对性、科学性和实效性。当然,健康体适能引入体育教学是需要决心和勇气的。因为,这样一来不但每位体育教师马上就要面临改造、更新自身知识结构的迫切性,而且,要对每位学生在校期间的身体素质、体能以及健康状况进行动态跟踪与管理,这无疑会大大增加体育教师的工作量,更何况这类工作多半在当下体育教师的年终考评以及职称晋升中是填不进表格的。

我为这些具有勇气的年轻体育工作者叫好,同时也拭目以待。

诸葛伟民

2013 年 4 月 25 日